9급 공무원 영어 시험대비

박문각
공무원

기 본 서

내 인생 마지막 기본 영문법

PRACTICE MAKES PERFECT!

기본부터 응용까지! 공무원 영어 문법의 모든 것

효율적인 시험 대비를 위한 수험생의 필수 선택

김태은 편저

김태은 영어
마지막 기본 영문법

애듀슈가인의 www.pmg.co.kr

이 책의 머리말

공무원 영어시험에서 문법이 차지하는 비중은 문항 수만 보았을 때는 크지 않아 보일 수 있다. 그러나 영어 실력 전반을 두고 본다면, 문장의 기본 틀을 보여주는 문법 지식은 매우 중요하다. 글을 올바르게 읽기 위해서는 문장 하나하나를 글쓴이의 의도대로 해석할 수 있어야 한다. 그런데 문법 이해가 부족해 문장 분석을 제대로 하지 못한다면 해석에 어려움을 겪게 되고, 이는 문법 문항뿐 아니라 독해 지문 이해에도 직접적인 영향을 미친다. 결국 안정적인 고득점을 얻기 힘들어진다.

이 교재는 공무원 영어시험을 대비해 주어진 시간 안에 어떻게 문법을 효율적으로 학습할 수 있을지에 초점을 맞추어 집필되었다. 시험 준비에 반드시 필요한 문법 내용을 핵심 포인트와 흐름에 맞추어 정리하고, 이를 적용할 수 있는 예문과 연습문제를 함께 구성하였다.

다음은 문법 공부를 할 때 저자가 강조하고 싶은 당부의 말이다.

1. 기본 용어부터 정리하자.

문법의 세부 내용을 배우기에 앞서 용어의 의미를 확실히 아는 것이 중요하다. 문법 용어를 몰라서 사실은 간단한 설명조차 따라오지 못하는 학생들이 의외로 많다.

2. 문법의 큰 틀을 먼저 세우고 구문 이해로 확장하자.

용어를 익혔다면, 이제는 문장의 구조에 익숙해져야 한다. 이는 주어, 동사, 목적어, 보어, 수식어를 구분하는 힘을 기르는 것에서 출발한다. 좋은 예문들을 통해 문장을 보는 힘을 길러가면서 동시에 세세한 문법 사항을 암기해야 하는데, 물론 이해를 바탕으로 하여 암기를 쌓아야 장기적으로 수월하게 머리에 남는 공부를 할 수 있다. 이론에 대한 이해는 수업만 집중하여 따라온다면 크게 문제가 되지 않을 것이다.

3. 문제를 통해 이론을 재정비하자.

문법을 처음 공부하는 학생들이 흔히 겪는 어려움은 '이론을 아는 것'과 '문장에 적용하는 것' 사이의 간극이다. 하지만 시험장에서 필요한 것은 이론 암기가 아니라 실제 문장의 옳고 그름을 가려내는 능력이다. 따라서 이론을 문제에 적용하면서 틀린 부분을 고치고, 그 과정을 통해 역으로 이론을 재정비하는 과정이 매우 중요하다.

10여 년간 공무원 영어를 가르치면서, 내가 좋아하는 영어가 여러분의 발목을 잡는 현실이 늘 안타까웠다. 이 교재와 강의가 여러분에게 영어에 대한 자신감을 심어주길, 나아가 여러분의 인생에서 마지막 영어 공부가 되기를 진심으로 바란다.

2025년 8월

김태은

박문각 김태은 영어

마지막 기본 영문법

01

동사의 종류

문장의 구성

Ⅰ. 단어의 품사 익히기

영어 단어를 분류하는 방법인 8품사를 구분하자.

1 명사 (n. / noun)

⑴ **정의**: 사람, 사물, 장소 등의 이름을 나타내는 단어

⑵ **명사의 종류**

　① **셀 수 있는 명사 (C, 가산명사)**

　　• 앞에 a(n)를 붙여 단수임을 나타내거나,

　　• 뒤에 ~s를 붙여 복수형임을 나타낼 수 있다.

　　a chair / two chairs　　　　　　　　a friend / many friends

　② **셀 수 없는 명사 (U, 불가산 명사)**

　　• 앞에 a(n)를 붙이거나,

　　• 뒤에 ~s를 붙이는 단/복수 표현이 불가능하다.

　　[고유명사] 세상에 하나밖에 없는 이름, 지명

　　[추상명사] 뚜렷한 모양이 없는 추상적인 것을 나타내는 명사

　　[물질명사] 일정한 모양과 크기가 없는 물질이나 재료를 나타내는 명사

　　water, money, weather, sand, sugar, advice, bread, furniture

2 대명사 (pron. / pronoun)

⑴ **정의**: 같은 명사를 반복하여 사용하는 것을 피하고자 대신하여 쓰는 단어

⑵ **대명사의 종류**: 사람이나 사물을 구체적으로 가리킬 때 쓴다.

　① **지시대명사**

단수 대명사	복수 대명사
this, that, it	these, those, they

② 인칭대명사

구분	단수			복수		
	주격	소유격	목적격	주격	소유격	목적격
1인칭	I	my	me	we	our	us
2인칭	you	your	you	you	your	you
3인칭	he she it	his her its	him her it	they	their	them

3 동사 (v. / verb)

⑴ **정의**: 대상의 동작이나 상태를 나타내는 단어

⑵ **종류**

  ① be 동사 (~이다, ~있다)

    • **동사원형 (RV)**: be

    • **현재형**: am, is, are

    • **과거형**: was, were

    • **과거 분사형 (p.p)**: been

  ② 일반 동사

> live (살다), die (죽다), happen (발생하다), lie (눕다), rise (일어나다),
> eat (먹다), have (가지다), take (들고 가다), read (읽다), make (만들다)

  ③ 조동사

> can (할 수 있다; 가능), will (할 것이다; 미래), may (아마도; 추측),
> must (해야만 한다; 의무), should (당연히 해야 한다; 당위)

⑶ **동사의 3단 변화 [동사원형 (RV) − 과거형 − 과거 분사형 (p.p)]**

  ① 규칙 변화를 하는 경우: walk − walked − walked

  ② 불규칙 변화를 하는 경우: bring − brought − brought

⑷ **동사의 수일치**: 동사에 ~(e)s를 추가하면 단수 형태가 된다.

  ① 주어가 3인칭 단수형이며 문장이 현재시제일 경우 동사에 ~(e)s를 붙여 단수형으로 만든다.

  ② 주어가 1, 2인칭이거나 복수일 경우, 또는 과거시제이거나 미래시제일 경우에는 단수동사를 쓸 수 없다.

4 형용사 (adj. / adjective)

(1) **정의** : 명사를 꾸며주는 단어

> easy (쉬운), difficult (어려운), bright (밝은, 똑똑한),
> happy (행복한), beautiful (아름다운)

5 부사 (ad. / adverb)

(1) **정의** : 명사가 아닌 것을 꾸며주는 단어

> easily (쉽게), difficultly (어렵게), brightly (밝게, 똑똑하게),
> happily (행복하게), beautifully (아름답게), slowly (느린)

(2) **형태** : '형용사 + ly' 형태가 가장 흔하지만, 그렇지 않은 경우도 있다.

> ① 시간 부사 : now (지금), today (오늘), tomorrow (내일), later (나중에),
> soon (곧)
> ② 장소 부사 : inside (안에, 안으로), here (여기에, 여기로), there (거기에, 거기에서)
> ③ 정도 부사 : too (너무), almost (거의), very (매우), altogether (완전히)
> ④ 빈도 부사 : always (항상), often (자주), sometimes (가끔), hardly (거의~않다)

(3) **형용사와 부사의 3단 변화 [원급 − 비교급 − 최상급]**

① easy − easier − easiest (형용사의 비교급)
② easily − more easily − most easily (부사의 비교급)

6 전치사 (prep. / preposition)

(1) **정의** : 명사와 함께 쓰여 명사의 역할을 확장해 주는 단어

> to (~로, ~쪽으로), from (~로부터), in (~안에), on (~위에), under (~아래에),
> before (~전에), after (~후에), until (~까지), since (~이후로 지금까지), by (~에 의해),
> with (~와 함께), for (~를 위해, ~때문에), because of (~때문에), despite (~에도 불구하고)

(2) 전치사는 혼자서는 큰 의미가 없고, '전치사 + 명사' 구조로 쓰이게 되는데, 이 덩어리를 전명구라고 부르기로 한다.

(3) 문법 공부를 하다 보면 '명사가 들어갈 수 없는 자리'가 생기는데, 그 곳에 명사를 추가하고 싶다면, '전치사 + 명사' 구조로 넣을 수 있다.

7 접속사 (conj. / conjunction)

(1) **정의** : 단어 또는 단어로 이루어진 덩어리(절 또는 구)를 연결해 주는 단어

> ① 등위 접속사 : and (그리고, 그래서), or (또는), but (그러나)
> ② 종속 접속사 : because (때문에), although (그럼에도 불구하고), if (~한다면),
> since (~이후로 지금까지)
> ③ 상관 접속사 : both A and B (A와 B 모두), either A or B (A와 B 둘 중 하나),
> not A but B (A가 아니라 B)

(2) 접속사는 혼자서는 큰 의미가 없고, 문장과 문장을 연결해 주는 역할을 하게 된다.
접속사가 붙은 문장을 종속절, 접속사가 붙지 않은 문장을 주절이라고 부른다.

(3) 종속절은 위치가 자유로워서 주절 앞, 중간, 뒤에 나올 수 있다.

> When I was thirteen, / I lived in Suwon.
> 종속절　　　　　　　　　주절
>
> I lived in Suwon / when I was thriteen.
> 주절　　　　　　　　종속절

8 감탄사

TIP 1

영어는 수 개념에 민감한 언어이다.
• 단수동사 만들기 : 주어가 3인칭 단수이고, 동사가 현재시제라면 동사에 ~(e)s를 붙여서
단수동사로 만들어 주어야 한다.
 － 주어가 1인칭, 2인칭, 복수인 경우는 해당되지 않는다.
 － 동사가 현재시제가 아니라 과거 또는 미래시제인 경우 주어의 수에 영향 받지 않는다.

TIP 2

영어는 같은 단어의 반복을 '식자의 수치'라 칭하며 매우 기피한다.

TIP 3

한국어는 중요한 것을 뒤로 보내는 반면, 영어는 앞으로 끌고 온다.

II. 문장의 구성요소 익히기

문장의 다섯 가지 구성요소를 알아보고,
이것이 단어의 품사와는 다른 개념임을 이해하자.

1 단어의 8품사와 문장의 구성요소는 서로 다른 개념이다.

⑴ 품사는 영단어가 가지는 문법적 특성에 따라 분류한 것이다. 즉, 품사는 영단어 자체의 특징이다.

> ① 명사 (n.) : 사람, 사물, 물질, 개념 등에 붙이는 이름
> ② 대명사 : 명사를 대신 지칭하는 말
> ③ 동사 (v.) : 동작이나 상태를 묘사하는 말
> ④ 형용사 (a.) : 명사를 꾸며주는 말
> ⑤ 부사 : 명사가 아닌 것을 꾸며주는 말
> ⑥ 전치사 : 명사를 이어주는 말
> ⑦ 접속사 : 문장을 이어주는 말
> ⑧ 감탄사

예 01 The tortoise walked slowly because he was very tired.

품사 : 명사 동사 부사 접속사 대명사 동사 부사 형용사

예 02 Many birds with blue eyes sang a song on the tree happily.

품사 : 형용사 명사 전치사 형용사 명사 동사 명사 전치사 명사 부사

⑵ 문장의 구성요소는 말 그대로 영어 문장을 구성하고 있는 요소를 말한다. 즉, 영단어가 문장 속으로 들어가서 어떤 역할을 하는가에 대한 설명이다. 보통 **주어, 서술어, 목적어, 보어** 다섯 가지로 분류한다. 이하에서 문장의 구성요소를 각각 설명한다.

2 문장의 구성요소

⑴ 주어 (S / Subject)

① **정의** : 문장의 주체가 되는 말이다.

　　　　　주어 자리에는 명사, 대명사, 또는 명사 취급이 쓰여야 한다.

② **해석** : ~은/는/이/가

예 03 The accident happened.

품사 : 명사

성분 : 주어

예 04 She lost her phone.

품사 : 대명사

성분 : 주어

⑵ 서술어 (V / Verb)

① **정의** : 주어의 동작이나 상태를 나타내는 말이다.

　　　　　서술어라고 부르는 것이 정확하나, 보통 동사라고 부른다.

② **해석** : ~하다, ~이다

예 05 She sleeps.

품사 : 동사

성분 : 서술어

예 06 We lived in South Korea.

품사 : 동사

성분 : 서술어

예 07 She reads a magazine.

품사 : 동사

성분 : 서술어

예 08 He prepared a glass of water.

품사 : 동사

성분 : 서술어

예 09 They will learn English.

품사 : 동사

성분 : 시술이

⑶ **목적어** (O / Objective)

  ① **정의**: 어떤 동작의 대상이 되는 것을 나타낸다.

      목적어 자리에는 명사, 대명사, 또는 명사 취급이 쓰여야 한다.

  ② **해석**: ~을/를

예 10 I like <u>the girl with sweet smile</u>.

품사: 명사와 수식어구

성분: 목적어

예 11 He bought <u>an expensive camera</u>.

품사: 명사

성분: 목적어

⑷ **보어** (C / Complement)

  ① **정의**: 문장 속 주어 또는 목적어를 보충하여 설명해 주는 말이다.

      주어를 보충해 주는 말인 '주격 보어(S.C)'와 목적어를 보충해 주는

      말인 '목적격 보어(O.C)'로 나뉜다.

  ② **해석**: 일정하지 않으나, '~하게'라고 되는 것이 일반적이다.

예 12 She is <u>a teacher</u>.

품사: 명사

성분: 주격 보어

예 13 The cake smells <u>sweet</u>.

품사: 형용사

성분: 주격 보어

예 14 He became <u>a scientist</u>.

품사: 명사

성분: 주격 보어

예 15 I made the dog <u>happy</u>.

품사: 형용사

성분: 목적격 보어

예 16 He finds the movie <u>interesting</u>.

품사: 형용사

성분: 목적격 보어

⑸ **수식어 (M / Modifier)**

① **정의** : 주어, 서술어, 목적어, 보어의 네 가지 필수성분을 제외한 나머지이다.
수식어는 있으면 문장이 자세해져서 좋지만, 없다고 해서 틀린 문장이
되는 것은 아니다. 즉, 생략해도 문법적으로는 문제가 되지 않는다.
주로 부사, 전명구, 종속절이 여기에 해당된다.

② **해석** : 일정하지 않다.

예 17 He wakes up early in the morning.

품사 : 부사, 전명구

성분 : 수식어

예 18 The baby sleeps on the bed.

품사 : 전명구

성분 : 수식어

예 19 Fortunately, we saw the movie star by chance.

품사 : 부사

성분 : 수식어

예 20 The birds sing happily on the tree.

품사 : 부사, 전명구

성분 : 수식어

예 21 When he was young, he was very diligent.

품사 : 종속절, 부사

성분 : 수식어

⭐ Level Up! 품사와 문장의 구성요소의 관계를 파악하기

구분	필수요소				
	주어 (S)	서술어 (V)	목적어 (O)	보어 (C)	수식어 (M)
(대)명사 (n.)					
동사 (v.)					
형용사 (a.)					
부사					
전치사 + 명사					
접속사 + 문장					

기본

1. 주어 자리에는 명사가 들어간다.
2. 서술어 자리에는 동사가 들어간다.
3. 목적어 자리에는 명사가 들어간다.
4. 보어 자리에는 명사 또는 형용사가 들어간다.
5. 부사와 전명구는 무조건 수식어로 분류한다.

응용1   동사는 여러 가지 다른 품사로 바뀌어 사용되기도 한다.

1. 동사로 명사를 만드는 방법에는 두 가지가 있다. (부정사와 동명사)
   ⑴ 부정사 : to V = to + 동사원형
   ⑵ 동명사 : Ving = 동사원형 + ing

2. 동사로 만든 형용사를 분사라고 부르고, 분사에는 두 가지가 종류가 있다.
   ⑴ 현재분사 : 동사원형 + ing (능동의 ing : ~ 하는)
   ⑵ 과거분사 : p.p (수동의 p.p : ~당한, ~된)

응용2   영어에서 명사란 진짜 명사와 명사 취급을 포괄하는 개념이다.

1. 진짜 명사는 세 가지로 분류된다.
   ⑴ 가산명사의 단수형
   ⑵ 가산명사의 복수형
   ⑶ 불가산 명사

2. [명사 취급]에는 여섯 가지가 포함된다.
   ⑴ [부정사 (to V)] ⑵ [동명사 (Ving)]
   ⑶ [that + 완벽한 문장] ⑷ [what + 불완전한 문장]
   ⑸ [if, whether] ⑹ [간접 의문문]

02 CHAPTER 동사의 종류

Ⅰ. 자동사와 타동사

1 자동사와 타동사의 특징

- 동사는 목적어 없이도 의미를 완성할 수 있는 자동사(自動詞)와, 목적어가 있어야 의미가 완성되는 타동사(他動詞)로 구분된다.
- 자/타동사의 구분은 공무원 영어에서 매우 중요한 내용이므로 소홀히 하지 않아야 한다.

동사	자동사	• 목적어가 필요하지 않은 동사 • 존재, 상태를 나타낸다. ① 자동사 + 목적어 : × ② 자동사 + 전치사 + 명사 : ○ ③ 자동사의 수동태 : ×
	타동사	• 목적어가 필요한 동사 • 동작을 나타낸다. ① 타동사 + 목적어 : ○ ② 타동사 + 전치사 + 명사 : × ③ 타동사의 수동태 : ○

→

1형식	S + V1		
2형식	S + V2	+ SC	
3형식	S + V3	+ O	
4형식	S + V4	+ IO	+ DO
5형식	S + V5	+ O	+ OC

2 자동사

(1) 자동사의 특징

① 주어의 존재 또는 상태를 나타내는 동사이다.

② 목적어를 필요로 하지 않는다.

(2) 대표적인 자동사

1	live (살다), die (죽다), exist (존재하다), occur (발생하다), happen (발생하다), take place (발생하다), appear (등장하다), disappear (사라지다), consist	
2	belong (속하다), consent (동의하다), surrender (항복하다), object (반대하다), listen (듣다), dance (춤추다)	전치사 to
3	look (바라보다), arrive (도착하다)	전치사 at
4	participate (참여하다)	전치사 in
5	graduate (졸업하다)	전치사 from
6	depend, rely, count, rest (기대다, 의존하다)	전치사 on
7	deal (다루다), experiment (실험하다), interfere (방해하다)	전치사 with
8	wait (기다리다), account (설명하다, 차지하다)	전치사 for

예 01 He participates. (○)

예 02 He participates the project. (×)

예 03 He participates in the project. (○)
그가 프로젝트에 참여한다.

예 04 I wait. (○)

예 05 I wait you. (×)

예 06 I wait about you. (×)

예 07 I wait for you. (○)
나는 너를 기다린다.

(3) 다양한 전치사와 결합하는 자동사

① apologize

- apologize to 사람 (~에게 사과하다)

- apologize for 잘못 (~에 대해 사과하다)

예 08 I apologize to you.

예 09 I apologize for my mistake.

예 10 I apologize to you for my mistake.

② agree

- agree on 의견 (~에 동의/합의/찬성하다)
- agree to 의견 (~에 동의/합의/찬성하다)
- agree with 의견, 사람 (~에 동의/합의/찬성하다)

예 11 All family members finally agreed on the date of wedding.
모든 가족 구성원들이 드디어 결혼 날짜에 동의했다.

예 12 I can't agree with you more.
너에게 전적으로 동의한다.

③ result

- result in 결과 (~로 이어지다, ~를 낳다)
- result from 원인 (~에 기인하다, ~때문이다)

예 13 The icy road resulted in many accidents.
빙판길이 많은 사고를 낳았다.

예 14 Many accidents resulted from the icy road.
많은 사고가 빙판길 때문이었다.

④ look

- look at (~를 바라보다)
- look into (~를 조사하다)
- look for (~를 찾다)
- look after (~를 돌보다)
- look up to (~를 존경하다)
- look down on (~를 깔보다)

예 15 She looked after the baby.
그녀는 아기를 돌보았다.

예 16 She looked after my father's financial affairs.
그녀는 우리 아버지의 재정 업무를 보아 주었다.

⑤ consist

- consist of (~로 구성되다)
- consist in ((중요한 특징이) ~에 있다, 놓여 있다)
- consist with (~와 일치하다)

예 17 The committee consists of ten members.
그 위원회는 열 명의 위원들로 구성된다.

예 18 The beauty of Seoul consists in its magnificent buildings.
서울의 아름다움은 장엄한 건물들에 있다.

예 19 Her story doesn't consist with the evidence.
그녀의 이야기는 증거와 일치하지 않는다.

3 타동사

(1) **타동사의 특징**

① 주어의 동작이나 행위를 나타내는 동사이다.

② 하나 이상의 목적어를 필요로 하는 동사이다.

③ 목적어가 없으면 동작이 완성되지 않는다.

(2) **대표적인 타동사** : 우리말 해석과는 달리 전치사와 함께 쓰이지 않음에 유의한다.

1	marry (~와 결혼하다), resemble (~와 닮다), face (~와 마주치다 = confront), accompany (~와 동반하다)	with (×)
2	reach (~에 도착하다), approach (~에 접근하다)	at (×)
3	influence (~에 영향을 미치다 = affect, impact) oppose (~에 반대하다), emphasize (~를 강조하다), address (~에게 연설하다), contact (~에게 연락하다)	to (×)
4	discuss (~에 대해 논의하다), mention (~를 언급하다), announce (~에 대해 발표하다), consider (~에 대해 고려하다)	about (×)
5	join (~에 가입하다), inhabit (~에 거주하다)	in (×)
6	survive (~에서/~로부터 살아남다)	from (×)

예20 I resemble. (×)

예21 I resemble with my father. (×)

예22 I resemble my father. (○)
나는 아버지와 닮았다.

예23 We discussed. (×)

예24 We discussed about the problem on Wednesday. (×)

예25 We discussed the problem on Wednesday. (○)
우리는 수요일에 그 문제에 대해 토론했다.

4 구분해야 할 자동사이자 타동사

(1) **자동사와 타동사일 때 의미차이에 주의해야 하는 동사**

① leave

　• leave for + 도착지 (~로 떠나다)

　• leave + 출발지 (~를 떠나다)

예26 They left for Spain early this morning.
그들은 오늘 이른 아침에 스페인으로 떠났다.

예27 I will leave Busan for Seoul.
나는 부산을 떠나 서울로 갈 것이다.

예28 He left me.
그가 날 떠났다.

② enter

- enter into + 명사 (~를 시작하다)
- enter + 명사 (~로 들어가다)

예 29 Let's enter into conversation.
대화를 시작하자.

예 30 The government entered into negotiations.
정부는 협상을 시작했다.

예 31 We entered the building.
우리는 건물에 들어갔다.

③ attend

- attend to + 명사 (~에 집중하다 = pay attention to)
- attend on + 명사 (~를 보살피다, 돌보다, 간호하다 = wait on)
- attend + 명사 (~에 출석하다, 참석하다)

예 32 You are not attending to my words!
너는 내 말에 집중하지 않는구나!

예 33 The nurses attended on the sick day and night.
간호사들이 아픈 사람들을 밤낮으로 돌보았다.

예 34 I attend the meeting.
나는 회의에 참석했다.

④ ask

- ask for + 명사 (~를 요구/요청하다)
- ask + 명사 (~를 질문하다)

예 35 She asked for some advice.
그녀가 약간의 조언을 요청했다.

예 36 The child asks a question.
그 아이가 질문을 했다.

⑤ call

- call for + 명사 (~를 요구/요청하다)
- call + 명사 (~를 부르다)
- call + 명사1 + 명사2 (명사1을 명사2라고 부르다)

예 37 We called for an end to violence.
우리는 폭력사태의 종료를 요청했다.

예 38 He called me last night.
그는 어젯밤에 내게 전화했다.

예 39 His friends call him Bart.
그의 친구들은 그를 Bart라고 부른다.

⑥ submit

- 복종/굴복/항복하다 (자동사)

- 제출/제시/제안하다 (타동사)

예 40 They submitted to American soldiers.
그들은 미군에게 항복했다.

예 41 He submits to the decision of fate.
그는 운명의 결정에 굴복했다.

예 42 I have to submit my term papers by next Friday.
다음주 금요일까지 학기말 리포트를 제출해야만 한다.

⑦ run

- 달리다 (자동사)

- 운영하다 (타동사)

예 43 She ran on the beach.
그녀는 해변가에서 달렸다.

예 44 My father runs a factory.
아버지가 공장을 운영한다.

(2) **같은 뜻을 가져서 구분해야 할 자동사와 타동사**

자동사		타동사
arrive (at)	도착하다	reach
object (to)	반대하다	oppose
participate (in)	참여하다	join
comply (with), conform (to)	순응하다, 지키다	obey, observe
cope (with)	대처/극복하다	overcome
deal (with)	다루다, 처리하다	handle, manage
lead to, bring about, result in	초래/유발하다	cause
look into, go over	조사하다	inspect, scrutinize
speak, talk	말하다	say, tell
wait (for)	기다리다	await
call (for), ask (for)	요구/요청하다	require, demand
consist of	구성되(하)다	comprise, compose

예 45 We arrived.

예 46 We arrived the station. (×)

예 47 We arrived at the station.

예 48 We reached the station.

예 49 I object.

예 50 I object to your opinion.

예 51 I opposed your opinion.

예 52 I opposed to your opinion. (×)

⑶ 자/타동사 여부와 동사의 3단 변화형에 유의해야 할 빈출 동사

구분	동사원형	과거형	과거분사형	
1	lie	lay	lain	(자) ~에 있다, 눕다
	lay	laid	laid	(타) ~을 놓다, 눕히다
2	rise	rose	risen	(자) 뜨다, 오르다
	raise	raised	raised	(타) 재배하다, 올리다
3	sit	sat	sat	(자) 앉다
	seat	seated	seated	(타) 앉히다
4	find	found	found	(타) 발견하다
	found	founded	founded	(타) 설립하다
5	fall	fell	fallen	(자) 넘어지다, 떨어지다
	fell	felled	felled	(타) 넘어뜨리다
6	hang	hung	hung	(타) 걸다, 매달다
	hang	hanged	hanged	(타) 교수형에 처하다, 목을 매달다
7	arise	arose	arisen	(자) 발생하다, 생겨나다
	arouse	aroused	aroused	(타) (감정, 욕망 등) 불러일으키다

예 53 He lies on the floor. (자동사 lie의 현재형)
그는 (현재) 바닥에 누워있다.

예 54 He lay on the floor. (자동사 lie의 과거형)
그는 (과거에) 바닥에 누워있었다.

예 55 He lays his dog on the floor. (타동사 lay의 현재형)
그는 (현재) 그의 개를 바닥에 내려놓았다.

예 56 He laid his dog on the floor. (타동사 lay의 과거형)
그는 (과거에) 그의 개를 바닥에 내려놓았다.

예 57 He lay his dog on the floor. (×)

예 58 The sun rises in the east.
해는 동쪽에서 뜬다.

예 59 The boss raised my salary by 5%.
상사는 내 월급을 5% 정도 올렸다.

예 60 The prices of many items rose in recent weeks.
많은 물건의 가격이 몇 주 사이에 올랐다.

Ⅱ. 동사의 5형식

1형식	S	V1			S가 V하다
	S	V2		S.C	
2형식		① be ② become ③ remain ④ 지각동사			S가 S.C하게 V하다
	S	V3		O	
3형식		① want			S가 O를 V하다
		② enjoy			
		③ like			
		④ stop			
	S	V4	I.O	D.O	
4형식		① 일반			S가 I.O에게 D.O를 V하다
		② explain, introduce, say, borrow			
		③ ask			
		④ cost			
		save			
		envy			
		forgive			
	S	V5	O	O.C	
5형식		① LKFM			S는 O가 O.C하게/하도록 V하다
		② cause			
		③ MHL			
		④ 지각동사			

1 1형식 동사 (S + V1)

⑴ 보어나 목적어 없이 주어와 동사만으로 문장을 완성할 수 있는 동사이다.

> live (살다), die (죽다), exist (존재하다), occur (발생하다), happen (발생하다),
> take place (발생하다), appear (등장하다), disappear (사라지다), grow (성장하다),
> emerge (부상하다), come (오다), go (가다), stay (머무르다), talk (말하다),
> wait (기다리다), work (일하다)

① appear, disappear : 나타나다, 사라지다

예61 A ghost appeared in the forest.
귀신이 숲에 나타났다.

예62 He disappeared into his room all of a sudden.
그가 갑자기 방으로 사라졌다.

② emerge : 나오다, 나타나다, 등장하다, 부상하다

예63 The swimmer emerged from the lake.
그 수영객이 호수에서 모습을 드러냈다.

예64 The moon emerged from behind a cloud.
달이 구름 뒤에서 나왔다.

예65 China emerged as the world's second-largest economy,
중국은 일본을 제치고 세계 두 번째 경제대국으로 부상했다.

③ work : 일하다, 작업하다

예66 He works.
그는 일한다.

예67 He works extremely hard.
그는 매우 열심히 일한다.

예68 He worked on the issue of sanctions against Iraq.
그는 이라크에 대한 제재노력에 대해 작업을 했다.

⑵ 해석에 주의해야 할 1형식 동사

① pay : 이득/도움이 되다

예69 Honesty pays.
정직함은 도움이 된다.

예70 It pays to read newspaper everyday.
매일 신문을 읽는 것은 도움이 된다.

예71 All your efforts will pay off.
네 모든 노력은 도움이 될 거야.

② work : 작용하다, 효과를 발휘하다

예72 Things will work out.
일이 잘 풀릴 거야.

예73 The pills will work for your headache.
그 약이 네 두통에 효과가 있을 거야.

예74 Your advice worked in the serious situation.
네 조언은 그 심각한 상황에서 효과를 발휘했다.

③ will do : 충분하다

예75 Five dollars will do.
5달러면 충분하다.

④ matter, count : 중요하다

예76 Your age doesn't matter when you learn something.
무언가를 배울 때 나이는 중요하지 않다.

예77 Every moment counts in the race.
경주에서는 모든 순간이 중요하다.

⑶ 1형식 동사 + 유사보어

① 1형식 동사는 원칙적으로는 명사나 형용사 형태의 보어를 취하지 않는다.

② 예외적으로 주어의 상태를 부연설명하기 위하여 1형식 동사가 명사 또는 형용사 형태의 보어를 취하는 것을 유사보어라고 한다.

③ 유사보어는 2형식의 일반 보어처럼 꼭 필요한 것은 아니다.

예78 The genius died young.
그 천재는 젊을 때 죽었다.

예79 He came back home very tired.
그는 매우 지친 상태로 집에 돌아왔다.

2 2형식 동사 (S + V2 + SC)

• 주어와 동사만으로는 완전한 의미 전달이 불가능하여 주어를 보충설명해 주는 주격 보어를 필요로 하는 동사를 말한다.

• 주격 보어 자리에는 명사 또는 형용사가 들어간다.

⑴ BE 동사 : BE동사는 1형식일 때 '~에 있다'라고 해석되고, 2형식일 때 '~이다'라고 해석된다.

예80 His son is a scientist.
그의 아들은 과학자이다.

예81 His son is diligent.
그의 아들은 성실하다.

(2) BECOME류 동사 (~하게 변하다, ~하게 되다)

become, get, grow, turn, come, go, run, fall

예82 The river became shallow.
강이 얕게 변했다.

예83 The journey turned tedious.
여행이 지루해졌다.

예84 Dinner will get cold.
식사가 차가워졌다.

예85 He became an author.
그는 작가가 되었다.

(3) REMAIN류 동사 (~한 상태를 유지하다)

remain, keep, continue, stay

예86 They remained good friends.

예87 He kept diligent.
그들은 성실한 상태를 유지했다.

예88 The kitten stayed silent all night.
고양이들은 밤새 조용하게 있었다.

예89 I remained outwardly composed.
나는 겉으로는 침착하게 있었다.

(4) 지각동사

① 사람의 다섯 가지 감각기관인 눈, 코, 입, 귀, 피부를 활용하는 동사를 칭한다.
② 감각기관으로 상대방의 상태를 인지하는 것이므로 2형식 동사에 속한다.

- look, appear, seem (~하게 보이다)
- sound (~하게 들리다)
- smell (~한 냄새가 나다)
- feel (~하게 느껴지다)
- taste (~한 맛이 나다)

예90 You look happy.
너는 행복하게 보인다.

예91 The beggar smells bad.
거지들이 고약한 냄새가 난다.

예92 This ice-cream tastes sweet.
이 아이스크림은 단 맛이 난다.

예93 His proposal sounded very convincing.
그의 제안은 매우 설득력 있게 들렸다.

예94 She felt strangely nervous.
그는 이상할 정도로 초조하게 느꼈다.

③ 다른 2형식 동사와 달리, 2형식 지각동사는 형용사만 보어로 취할 수 있고, 명사를 보어로 취할 수 없다.

④ 만약 명사를 보어처럼 쓰고 싶다면, <u>전치사 like + 명사형태</u>는 가능하다.

예 95 You look like a clown.
너는 광대처럼 보인다.

예 96 It smells like butter.
이것은 버터와 같은 냄새가 난다.

예 97 His proposal sounded like a threat.
그의 제안은 위협처럼 들렸다.

예 98 This cloth feels like silk.
이 옷감은 비단처럼 느껴진다.

TIP 1

단어에 ~ly가 붙었다고 해서 모두 부사는 아니다. **명사 + ly** 형태는 형용사임에 주의한다.

friendly (친근한), lovely (사랑스러운), timely (시기적절한), costly (비싼), orderly (정돈된)

예 99 She looks lovely.
그녀는 사랑스러워 보인다.

예 100 Buying new furniture seemed too costly.
새 가구를 사는 것은 너무 비싸 보인다.

TIP 2

2형식 동사의 관용표현

grow old 나이 들다	grow fat 살이 찌다	go bad 상하다
go blind 시력을 잃다	fall asleep 잠들다	fall ill 병나다
run short 부족하다	come true 실현되다	turn pale 창백해지다
stay cool 평정심을 유지하다	keep silent 침묵하다	hold good 유효하다

TIP 3

2형식 turn out, prove

<u>turn out</u> (to be) 명사/형용사 : ~인 것으로 드러나다

예 101 The rumor turned out (to be) true.
그 소문은 사실인 것으로 드러났다.

예 102 She turned out (to be) a liar.
그녀는 거짓말쟁이인 것으로 드러났다.

3 3형식 동사 (S + V3 + O)

- 타동사(동작동사)인 3형식 동사는 동작의 대상인 목적어를 한 개 필요로 한다.
- 목적어 자리에는 기본적으로 명사가 들어가는데, **부정사 또는 동명사**가 들어갈 수도 있다.
- 부정사를 목적어로 취하는 동사인지, 동명사를 목적어로 취하는 동사인지를 구분하는 것이 중요하므로 잘 암기해야 한다.

예103 I know <u>his address</u>. (명사 목적어)
나는 [그의 주소를] 안다.

예104 She wants <u>to buy the jacket</u>. (부정사 목적어)
그녀는 [그 자켓을 사는 것을] 원한다.

예105 She enjoys <u>swimming in the morning</u>. (동명사 목적어)
그녀는 [아침에 수영하는 것을] 즐긴다.

예106 We believe <u>that the earth is round</u>. (that절 목적어)
우리는 [지구가 둥글다는 것을] 믿는다.

(1) 부정사(to V)를 목적어로 취하는 동사

① **want / wish / hope** to V (~를 바라다)
② **need** to V (~할 필요가 있다)
③ **learn** to V (~를 배우다)
④ **expect** to V (~를 기대/예상하다)
⑤ **plan** to V (~를 계획하다)
⑥ **intend** to V (~할 의도/작정이다)
⑦ **afford** to V (~할 만한 여유가 있다)
⑧ **attempt** to V (~를 시도하다)
⑨ **seek** to V (~를 추구하다, 노력하다)
⑩ **refuse** to V (~를 거부/거절하다)
⑪ **fail** to V (~에 실패하다)
⑫ **manage** to V (결국/간신히 ~해내다)
⑬ **tend** to V (~하는 경향이 있다)
⑭ **decide** to V (~하기로 결심하다)
⑮ **agree** to V (~하는 것에 합의/동의하다)
⑯ **pretend** to V (~하는 척 하다)

예107 Hans is expecting to see you here.
Hans가 널 여기서 만날 거라고 기대하고 있어.

예108 He sought to smell out secrets.
그는 비밀을 알아내기 위해 노력했다.

예109 We managed to arrive on time for the interview.
우리는 면접에 제시간에 도착하는 데 성공했다.

예110 She pretends to sing a song.
그녀는 노래를 부르는 척 한다.

예111 The song can't fail to be a hit.
이 노래는 분명히 히트칠 거야.

(2) 동명사(Ving)를 목적어로 취하는 동사

① **enjoy** Ving (~를 즐기다)
② **consider** Ving (~를 고려하다)
③ **practice** Ving (~를 연습하다)
④ **suggest** Ving (~를 제안하다)
⑤ **keep** Ving (계속해서 ~하다)
⑥ **appreciate** Ving (~를 감사하다)
⑦ **admit** Ving (~를 인정하다)
⑧ **include** Ving (~를 포함하다)
⑨ **deny** Ving (~를 부인하다)
⑩ **mind** Ving (~를 꺼리다, 싫어하다)
⑪ **finish** Ving (~를 끝내다)
⑫ **avoid** Ving (~를 피하다)
⑬ **resist** Ving (~에 저항/반대하다)
⑭ **risk** Ving (~할 위험을 감수하다)
⑮ **give up** Ving (~를 포기하다)
⑯ **dislike** Ving (~하는 것을 싫어하다)

예 112 We're considering buying a new car.
우리는 새 차를 사는 것을 고민 중이다.

예 113 You need to practice fixing the engine as well.
너는 또한 엔진 고치는 것을 연습할 필요가 있다.

예 114 They deftly avoided answering my questions.
그들은 능숙하게 내 질문에 답하는 것을 피했다.

예 115 He risked losing everything.
그는 모든 것을 잃을 위험을 감수했다.

예 116 The tour includes visiting historical sites and local markets.
그 여행에는 역사 유적지와 현지 시장을 방문하는 것이 포함된다.

예 117 He dislikes talking about his personal life with strangers.
그는 낯선 사람들과 자신의 사생활에 대해 이야기하는 것을 싫어한다.

⑶ 부정사(to V)와 동명사(Ving)를 둘 다 목적어로 취할 수 있는 동사

① 의미가 같은 경우

> like, love, hate, begin, start, prefer (선호하다)

② 의미가 다른 경우

1	stop to V	stop Ving
	~하기 위해 멈추다	~하던 것을 멈추다
2	remember to V	remember Ving
	(앞으로) ~할 것을 기억하다, 잊지 않고 ~하다	(이미) ~했던 것을 기억하다
3	forget to V	forget Ving
	(앞으로) ~할 것을 잊다	(이미) ~했던 것을 잊다
4	regret to V	regret Ving
	~하게 되어 유감이다	~했던 것을 후회하다
5	try to V	try Ving
	~하기 위해 노력하다	시험 삼아 ~하다
6	mean to V	mean Ving
	~할 의도이다, 작정이다	~를 의미하다

예 118 He stopped <u>to reply</u> to her texts.
그는 그녀의 문자에 답장하기 위해 하던 일을 멈추었다.

예 119 He stopped <u>replying</u> to her texts.
그는 그녀의 문자에 답장하는 것을 그만두었다.

예 120 Remember <u>to bring</u> your ID with you.
네 주민등록증을 가져오는 것을 기억해라.

예 121 I remember <u>sending</u> you three letters.
나는 네게 편지 세 통을 보냈던 것을 기억한다.

예 122 Don't forget <u>to lock</u> the door when you leave.
떠날 때 문 잠그는 것을 잊지 말아라.

예 123 I will never forget <u>meeting</u> him for the first time.
나는 그를 처음 만났던 것을 절대 잊지 못할 것이다.

예 124 We regret <u>to inform</u> you that your application has been unsuccessful.
귀하의 지원서가 불합격되었음을 알려드리게 되어 유감스럽습니다.

예 125 I regret <u>telling</u> you the truth.
네게 사실을 이야기한 것이 후회스러워.

예 126 They tried <u>to open</u> the window.
그들은 창문을 열고자 노력했다.

예 127 They tried <u>opening</u> the window.
그들은 시험삼아 창문을 열어보았다.

예 128 I didn't mean <u>to offend</u> you.
네 기분을 상하게 하려는 의도는 없었다.

예 129 For him, winning means <u>sacrificing</u> everything else in his life.
그에게는, 승리는 인생의 다른 모든 것을 희생하는 것을 의미한다.

⑷ '동사 A 전치사 B' 구조로 특정 전치사와 짝지어 쓰이는 동사

① 칭찬/비난하다 A for B

blame / criticize / scold A for B	B때문에 A를 비난하다, 꾸짖다
punish A for B	B때문에 A를 처벌하다
praise / thank A for B	B에 대해 A를 칭찬/고마워하다

예130 I praised him for his courage.
나는 그의 용기를 칭찬했다.

예131 He criticized the government for not taking the problem seriously.
그는 정부가 그 문제를 심각하게 받아들이지 않는 것에 대해 비난했다.

② 간주하다 A as B

regard / consider / see A as B look upon A as B think of / believe A as B refer to A as B	A를 B라고 간주하다, 생각하다
take A for B	A를 B라고 간주하다, 받아들이다
mistake A for B	A를 B라고 착각하다

예132 We look upon death as an inevitable event.
우리는 죽음을 피할 수 없는 일로 여긴다.

예133 He mistook the pills for sweets.
그는 알약을 사탕으로 착각했다.

③ 막다 A from B

stop / keep / prevent prohibit / hinder / deter　　A from B ban / dissuade / discourage	A가 B하는 것을 막다, 금지/방해하다
abstain / refrain from Ving	Ving하는 것을 자제하다

예134 Bad weather prevented them from reaching the destination on time.
나쁜 날씨는 그들이 제시간에 목적지에 도착하는 것을 막았다.

예135 Nothing can stop me from accomplishing my goal.
어떤 것도 내가 목표를 성취하는 것을 막을 수 없다.

예136 He had to refrain from smoking because of his illness.
그는 병 때문에 흡연을 자제해야만 했다.

4 | 4형식 동사 (S + V4 + IO(~에게) + DO(~을/를))

(1) **대표적인 4형식 동사** : 4형식 동사들은 일반적으로 '주다'라는 의미를 갖게 된다는 점에서 '수여동사'라고 불리기도 한다.

give (주다)	teach (가르쳐 주다)	ask (질문하다)
make (만들어 주다)	allow (허락해 주다)	inquire (질문하다)
tell (말해 주다)	offer (제공하다)	buy (사 주다)
show (보여 주다)	lend (빌려주다)	find (찾아 주다)
get (가져다주다)	bring (가져다주다)	owe (빚지다)
hand (건네주다)	send (보내 주다)	promise (약속하다)

예137 He gave me a ring.
그는 나에게 전화했다. / 그가 나에게 반지를 주었다.

예138 I teach students English.
나는 학생들에게 영어를 가르친다.

예139 She told me her new year's resolution.
그녀는 내게 그녀의 새해 결심을 말했다.

예140 He lent me some money.
그는 내게 돈을 빌려주었다.

예141 We sent them a message of congratulations.
우리는 그들에게 축하메시지를 보냈다.

(2) 4형식은 간접 목적어 앞에 전치사를 추가하여 3형식으로 표현할 수 있다.

① **간접목적어 앞에 전치사 to를 붙이는 동사**

give, hand, lend, bring, sell, send, show, offer, tell, teach, promise

예142 He sent me flowers. (4형식)

= He sent flowers to me. (3형식)
그는 내게 꽃을 보냈다.

예143 Please show me the menu. (4형식)

= Please show the menu to me. (3형식)
제게 메뉴를 보여 주세요.

② **간접목적어 앞에 전치사 for을 붙이는 동사**

buy, make, find, choose, do, find, order, prepare

예144 I'll buy you some ice cream. (4형식)

= I'll buy some ice cream for you. (3형식)
내가 네게 아이스크림을 사줄게.

예145 She made her daughter a toy. (4형식)

= She made a toy for her daughter. (3형식)
그녀는 딸에게 장난감을 만들어 주었다.

③ 간접목적어 앞에 전치사 of를 붙이는 동사

> ask (질문하다), require (요구하다), inquire (문의하다), beg (구걸하다)

예146 He asked me questions. (4형식)

= He asked questions of me. (3형식)
그는 내게 질문을 했다.

(3) 4형식으로 쓸 수 없으며, 3형식만 가능한 동사

> explain (설명하다), introduce (소개하다), say (말하다), borrow (빌리다),
> suggest (제안하다), propose (제안하다), announce (발표하다)

예147 He explained me the decision. (×)

→ He explained the decision to me. (○)
그는 내게 그 결정을 설명했다.

예148 She introduced us a new style of coat. (×)

→ She introduced a new style of coat to us. (○)
그녀는 우리에게 새로운 스타일의 코트를 소개했다.

예149 Many people say me that you are an awesome person. (×)

→ Many people say to me that you are an awesome person. (○)

→ Many people tell me that you are an awesome person. (○)
많은 사람들이 내게 네가 멋진 사람이라고 이야기했다.

(4) 암기해야 할 4형식 동사

> ① cost + 사람 + 돈 (사람이 돈을 쓰게 만들다)
> ② save + 사람 + 돈 (사람이 돈을 절약하게 만들다)
> ③ envy + 사람 + 장점 (사람의 장점을 부러워하다)
> ④ forgive + 사람 + 잘못/죄 (사람의 잘못/죄를 용서하다)

예150 This television cost me fifty dollars.
이 TV는 50달러이다.

예151 The program saved us so much time and effort.
이 프로그램은 우리의 시간과 노력을 절약해 주었다.

예152 I envy you your huge fortune.

= I envy you for your huge fortune.
나는 네 엄청난 재산이 부러워.

예153 I can't forgive him his mistakes.

= I can't forgive him for his mistakes.
나는 그의 실수를 용서할 수 없다.

5 5형식 동사 (S + V5 + O(~를) + OC(~하게/하도록))

	V5	O	OC	해석
1	leave keep find make	N	형용사	N를 (형용사)하게 내버려두다 N를 (형용사)하게 유지하다 N를 (형용사)하다고 생각/발견하다 N를 (형용사)하게 만들다
2	name call	N	N	N를 (명사)라고 이름 짓다 N를 (명사)라고 부르다
	elect appoint	N	N	N를 (명사)로 뽑다/선출하다 N를 (명사)로 임명하다
3	think believe consider	A	(to be) B (as) B	A를 B이라고 생각하다 A를 B이라고 믿다 A를 B이라고 간주하다
4	cause	A	to V	A가 V하게 유발하다, 만들다
5	make have let	N	RV 또는 p.p	N가 V하게/당하게 만들다
6	get	N	to V 또는 p.p	
7	help	(N)	to V, RV	(N가) V하는 것을 돕다
8	hear see watch	N	RV, Ving 또는 p.p	N가 V하는/당하는 것을 보다, 듣다

(1) 형용사를 목적격 보어로 취하는 5형식 동사

leave (내버려두다), keep (유지하다), find (생각/발견하다), make (만들다)

예 154 I found him innocent.
나는 그를 순진하다고 생각했다.

예 155 He kept the razor sharp.
그는 면도기를 날카롭게 유지했다.

(2) 명사를 목적격 보어로 취하는 5형식 동사

name (이름 짓다), call (부르다), elect (뽑다, 선출하다), appoint (임명하다)

예 156 We call him a war fanatic.
우리는 그를 전쟁광이라고 부른다.

예 157 Laura appointed him (as) captain of the English team.
Laura는 그를 잉글랜드 팀의 주장으로 지명했다.

(3) to be B, as B를 목적격 보어로 취하는 5형식 동사

> think (생각하다), believe (믿다), consider (간주하다)

예158 I thought him to be one of the richest men in Europe.
나는 그를 유럽에서 가장 부유한 사람들 중 한명이라고 생각했다

예159 People don't consider his behavior to be socially acceptable.
사람들은 그의 행위를 사회적으로 용납되는 것으로 간주하지 않는다.

(4) 부정사(to V)를 목적격 보어로 취하는 5형식 동사

> ① want (바라다), wish (바라다), expect (예상/기대하다)
> ② advise (조언하다), encourage (격려하다), persuade (설득하다)
> ③ require (요청하다), ask (요청하다)
> ④ allow (허락하다), permit (허락하다)
> ⑤ force (강요하다), order (명령하다), compel (강요하다)
> ⑥ enable (가능하게 하다), cause (유발하다), get (만들다/시키다), tell (말하다/시키다)
> ⑦ forbid (금지하다)

예160 Good health enabled him to carry out the plan.
건강은 그가 계획을 수행할 수 있게 만들었다.

예161 Mounting costs have forced the museum to close.
증가하는 경비는 박물관이 폐관하게 만들었다.

예162 I advised him not to make noise.
나는 그가 시끄럽게 굴지 않도록 조언했다.

예163 They forbade me to mention the subject.
그들은 내가 그 문제에 대해 언급하는 것을 막았다.

⑸ **사역동사 make, have, let**

① 상대방이 어떤 행위나 동작을 하게 '시키다, 만들다'라고 해석되는 make, have, let을 사역동사라고 한다.

② 목적어와 목적격 보어가 능동의 관계라면 목적격 보어 자리에 동사원형(RV)을 써야 한다.

③ 목적어와 목적격 보어가 수동의 관계라면 목적격 보어 자리에 과거분사형(p.p)을 써야 한다.

V5	O	OC	해석
make have let	N	RV	(명사)가 (RV)하게 만들다/시키다
		p.p	(명사)가 (p.p)당하게 만들다/시키다

예164 I made(= had, let) him carry the boxes.
나는 그가 상자를 운반하게 시켰다.

예165 The police had the woman arrested on the spot.
경찰은 그 여자가 현장에서 체포되도록 만들었다.

예166 My boss let me participate in the project.
내 상사는 내가 프로젝트에 참여할 수 있게 허락했다.

⑹ **준사역동사 get**

① 상대방이 어떤 행위나 동작을 하게 '시키다, 만들다'라고 해석되는 get을 준사역동사라고 한다.

② 목적어와 목적격 보어가 능동의 관계라면 목적격 보어 자리에 부정사(to V)를 써야 한다.

③ 목적어와 목적격 보어가 수동의 관계라면 목적격 보어 자리에 과거분사형(p.p)을 써야 한다.

V5	O	OC	해석
get	N	to V	(명사)가 (to V)하게 만들다/시키다
		p.p	(명사)가 (p.p)당하게 만들다/시키다

예167 I can't get the children to go to bed.
나는 아이들이 잠자리에 들게 만들 수가 없다.

예168 He got my computer repaired.
그는 내 컴퓨터가 수리되게 만들었다.

⑺ **준사역동사 help**

V5	O	OC	해석
help	(N)	**to V 또는 RV**	(명사)가 (동사)하는 것을 돕다

예169 The picture helped me (to) recall the memory.
그 사진은 내가 기억을 떠올릴 수 있게 도와주었다.

예170 The picture helped (to) recall the memory.
그 사진은 기억을 떠올릴 수 있게 도와주었다.

⑻ **지각동사**

① 목적어와 목적격 보어가 능동의 관계라면 목적격 보어 자리에 동사원형(RV) 또는 현재분사(Ving)를 써야 한다.

② 목적어와 목적격 보어가 수동의 관계라면 목적격 보어 자리에 과거분사형(p.p)을 써야 한다.

V5	O	OC	해석
see, watch, observe hear feel notice	N	**RV, Ving**	(명사)가 (동사)하는 것을 보다, 듣다
		p.p	(명사)가 (동사)당하는 것을 보다, 듣다

예171 I saw a family move(＝ moving) in upstairs.
나는 어떤 가족이 윗집으로 이사 오는 것을 보았다.

예172 I heard the man talk(＝ talking) about you.
나는 그가 너에 대해 말하는 것을 들었다.

예173 I accidentally saw the guy pickpocketed.
나는 우연히 그가 소매치기 당하는 것을 보았다.

예174 I heard your name repeated several times.
나는 네 이름이 여러 번 되풀이 되는 것을 들었다.

6 빈출 동사의 용례 정리

(1) KEEP

> ① 2형식 keep + 형용사
> ② 3형식 keep + Ving
> ③ 5형식 keep + 명사 + 형용사
> ④ 막다류 keep + A from Ving

예 175 I kept calm.
나는 차분한 상태를 유지했다.

예 176 I kept singing the song.
나는 계속해서 노래를 불렀다.

예 177 I kept the room clean.
나는 그 방을 깨끗하게 만들었다.

예 178 I kept him from making a noise.
나는 그가 소음을 내는 것을 막았다.

(2) MAKE

> ① 3형식 make + 명사
> ② 4형식 make + I.O + D.O
> ③ 5형식 make + 명사 + 명사
> ④ 5형식 make + 명사 + 형용사
> ⑤ 5형식 make + 명사 + RV
> ⑥ 5형식 make + 명사 + p.p

예 179 I made an album.
나는 앨범을 만들었다.

예 180 I made him an album.
나는 그에게 앨범을 만들어 주었다.

예 181 I made him the best swimmer.
나는 그를 최고의 수영선수로 만들었다.

예 182 I made him happy.
나는 그를 행복하게 만들었다.

예 183 I made her buy some flowers.
나는 그녀가 꽃을 사게 만들었다.

예 184 I made the promise broken.
나는 약속이 깨지게 했다.

(3) consider

> ① consider A (as 또는 to be) B : A를 B라고 간주하다, 생각하다
> ② consider Ving : Ving 할까말까 고민하다

예185 I considered him (to be) honest.
나는 그가 정직하다고 생각한다.

예186 We're considering inviting the couple.
우리는 그 커플을 초대하는 것을 고려중이다.

(4) 말하다

> ① talk (자) 말하다
> ② speak (자) 말하다 (타) 언어를 구사하다
> ③ say (타) 말하다
> ④ tell (타) 말하다

예187 I talked to him about the issue.
나는 그에게 그 이슈에 대해 말했다.

예188 I spoke to her about my youth.
나는 그녀에게 내 어린시절에 대해 말했다.

예189 I can speak English.
나는 영어를 할 줄 안다.

예190 I said the truth.
나는 사실을 말했다.

예191 I said that he was innocent.
나는 그가 무죄라고 말했다.

예192 I told him.
나는 그에게 말했다.

예193 I told the truth.
나는 사실을 말했다.

예194 I told him the truth.
나는 그에게 사실을 말했다.

예195 I told him to help me.
나는 그가 나를 돕게 시켰다.

(5) ask

질문하다	① ask + 질문 ② ask + 사람 + 질문 ③ ask + 질문 + of 사람 ④ ask + 사람 + if S + V ~
요청하다	① ask for N ② ask A for B ③ ask A to V ④ ask that S + (should) RV

예 196 I asked a question.
나는 질문을 물어보았다.

예 197 I asked him a question.
나는 그에게 질문을 물어보았다.

예 198 I asked a question of him.
나는 그에게 질문을 물어보았다.

예 199 I asked for some advice.
나는 약간의 조언을 요청했다.

예 200 I asked him to do the dishes.
나는 그가 설거지를 할 것을 요구했다.

예 201 I asked that he attend the meeting.
나는 그가 회의에 참석해야 한다고 요구했다.

EXERCISE

다음 문장의 옳고 그름을 판단하고, 틀린 부분을 옳게 고치시오. (01~58)

01 It is appeared that she knew the secret.

02 He remained silent in order not to make her angry.

03 The music is increasingly gaining popular.

04 A stranger approached to the bank.

05 Can I refuse giving testimony?

06 We don't object to what you proposed.

07 I don't belong the team.

08 I just finished to make corrections in his report.

09 His son laid motionless on the ground.

10 Please be seating here and say the truth.

ANSWER

01 **정답** is appeared → appeared
해설 appear는 자동사이므로 수동태로 쓸 수 없다.
해석 그녀가 그 비밀을 알고 있었던 것처럼 보였다.

02 **정답** ○
해설 remained는 자동사이고 silent는 보어로 적절하다.
해석 그는 그녀를 화나게 하지 않기 위해 침묵을 지켰다.

03 **정답** popular → popularity
해설 타동사 gain은 명사인 목적어와 함께 쓰므로 popularity(인기)가 와야 한다.
해석 그 음악은 점점 더 인기를 얻고 있다.

04 **정답** approached to → approached
해설 approach는 타동사이므로 전치사 to 없이 목적어를 바로 취한다.
해석 한 낯선 사람이 은행에 다가갔다.

05 **정답** giving → to give
해설 refuse는 부정사를 목적어로 취한다.
해석 제가 증언하는 것을 거부할 수 있나요?

06 **정답** ○
해설 자동사인 object와 함께 쓰이는 to는 전치사이므로 이하에 명사 또는 동명사가 필요하다.
what + 불완전한 문장은 명사 덩어리이므로 전치사의 목적어 자리에 쓰일 수 있다.
해석 우리는 당신이 제안한 것에 반대하지 않는다.

07 **정답** belong → belong to
해설 belong은 자동사로 전치사 to와 함께 써야 한다.
해석 나는 그 팀에 속하지 않는다.

08 **정답** to make → making
해설 finish는 동명사를 목적어로 취한다.
해석 나는 그의 보고서에서 수정 작업을 막 끝냈다.

09 **정답** laid → lay
해설 laid는 타동사 lay(놓다)의 과거형이다. 해당 문장에서는 목적어가 존재하지 않으므로 자동사
lie(눕다, 놓여있다)의 과거형인 lay가 옳다.
해석 그의 아들은 땅에 꼼짝 않고 누워 있었다.

10 **정답** be seating → be seated
해설 타동사 seat 이하에 목적어가 없으므로 수동태가 필요하다. be seating은 진행시제이고,
수동태는 아니다.
해석 여기에 앉아서 진실을 말하세요.

11 We discussed about the problem of the steel industry.

12 Raise your hand if you have a question.

13 The boss is considering to make a second visit before the year ends.

14 She looked so lovely.

15 Survivors waited anxiously the rescue boats.

16 The cyclone has resulted from many thousands of deaths.

17 I am going to lay the baby on the sofa.

18 I have suggested to go there on foot.

19 They survived from the cold.

20 The committee was consisted of ten members.

ANSWER

11 [정답] discussed about → discussed
[해설] discuss는 타동사이므로 about 없이 목적어를 취한다.
[해석] 우리는 철강 산업의 문제를 논의했다.

12 [정답] ○
[해설] raise는 타동사로 목적어 사용이 자연스럽다.
[해석] 질문이 있으면 손을 드세요.

13 [정답] to make → making
[해설] consider는 동명사를 목적어로 취한다.
[해석] 내 상사는 연말 전에 다시 방문할 것을 고려 중이다.

14 [정답] ○
[해설] lovely는 형용사이므로 2형식 동사인 look과 함께 쓰일 수 있다.
[해석] 그녀는 정말 사랑스러워 보였다.

15 [정답] waited anxiously → waited anxiously for
[해설] wait는 자동사로, 명사 앞에 전치사 for와 함께 써야 한다.
[해석] 생존자들은 구조 보트를 애타게 기다렸다.

16 [정답] resulted from → resulted in
[해설] result in은 뒤에 [결과]가 쓰이며 '~을 초래하다'라고 해석한다. result from은 뒤에 [원인]을 쓰면서 '~에서 비롯되다'라고 해석한다.
[해석] 그 사이클론은 수천 명의 사망을 초래했다.

17 [정답] ○
[해설] lay는 타동사로 목적어와 함께 쓰이는 것이 옳다.
[해석] 나는 아기를 소파 위에 눕힐 것이다.

18 [정답] to go → going
[해설] suggest는 동명사를 목적어로 취한다.
[해석] 나는 그곳에 걸어가자고 제안했다.

19 [정답] survived from → survived
[해설] survive는 '~로부터 살아남다'라고 해석되는 경우 타동사이므로 from 없이 목적어를 취한다.
[해석] 그들은 추위를 이겨냈다.

20 [정답] was consisted of → consisted of
[해설] 자동사인 consist는 수동태로 쓰일 수 없다.
[해석] 그 위원회는 10명의 구성원으로 이루어져 있었다.

21 She always emphasizes the importance of nutrition and exercise.

22 What a beautiful flower! It smells nicely, too.

23 That sounds greatly! Let's go there now.

24 She kept looking anxiously at her watch.

25 I practiced to play the violin to join in the Orchestra.

26 He worked the issue of sanctions against Iraq.

27 She seemed happily to have seen her old friends.

28 He should learn accepting criticism.

29 After a long walk, she lay herself down on the grass.

30 The smoke raised from the chimneys.

ANSWER

21 **정답** ○
해설 emphasize는 타동사이며 목적어 the importance of nutrition and exercise가 자연스럽게 이어진다.
해석 그녀는 항상 영양과 운동의 중요성을 강조한다.

22 **정답** nicely → nice
해설 smell은 2형식 지각동사로 형용사를 보어로 취하고, 부사 nicely는 어색하다.
해석 정말 아름다운 꽃이야! 냄새도 좋아.

23 **정답** greatly → great
해설 sound는 2형식 지각동사이므로 형용사 great를 주격 보어로 쓰는 것이 옳다.
해석 그거 정말 좋은데! 지금 가자.

24 **정답** ○
해설 keep은 동명사를 목적어로 취한다. keep Ving는 '계속해서 ~한다'라고 해석한다.
해석 그녀는 불안한 듯 계속 시계를 바라보았다.

25 **정답** to play → playing
해설 practice는 동명사를 목적어로 취한다.
해석 나는 오케스트라에 들어가기 위해 바이올린 연습을 했다.

26 **정답** worked → worked on
해설 work는 자동사로, 특정 주제를 다룰 때 전치사 on이 필요하다.
해석 그는 이라크 제재 문제를 다뤘다.

27 **정답** happily → happy
해설 seem은 2형식 지각동사이므로 형용사 happy를 보어로 써야 한다.
해석 그녀는 옛 친구들을 만나서 행복해 보였다.

28 **정답** accepting → to accept
해설 learn은 부정사를 목적어로 취한다.
해석 그는 비판을 받아들이는 법을 배워야 한다.

29 **정답** ○
해설 주어와 목적어가 같은 대상이므로 재귀대명사를 쓴다.
해석 긴 산책 후에 그녀는 풀밭에 몸을 누였다.

30 **정답** raised → rose
해설 연기가 올라가는 것은 자동사 rise가 적절하다. 따라서 자동사 rise의 과거형 rose가 와야 자연스럽다.
해석 연기가 굴뚝에서 피어올랐다.

31 She really resembles with her mother.

32 The hostages remained extremely silent.

33 We should apologize to her about the inconvenience.

34 We reached at the station at 5 p.m.

35 We planned having the party outside.

36 He tried to avoid to answer my questions.

37 I remember to go to the concert with you last week.

38 I regret apologizing you. It was not my fault.

39 He dislikes take part in the play.

40 I gave some money to my parents.

ANSWER

31 **정답** resembles with → resembles
해설 resemble은 타동사로 전치사 with 없이 바로 목적어를 취한다.
해석 그녀는 어머니를 많이 닮았다.

32 **정답** ○
해설 2형식 동사 remain은 형용사를 주격 보어로 취한다.
해석 인질들은 극도로 조용한 상태를 유지했다.

33 **정답** about → for
해설 자동사 apologize는 잘못을 뜻하는 명사 앞에 전치사 for을 쓴다.
해석 우리는 그녀에게 불편함에 대해 사과해야 한다.

34 **정답** reached at → reached
해설 reach는 타동사이므로 전치사 at 없이 목적어를 바로 취한다.
해석 우리는 오후 5시에 역에 도착했다.

35 **정답** having → to have
해설 plan은 부정사를 목적어로 취한다.
해석 우리는 파티를 야외에서 하기로 계획했다.

36 **정답** to answer → answering
해설 avoid는 동명사를 목적어로 취한다.
해석 그는 내 질문에 대답하는 것을 피하려 했다.

37 **정답** to go → going
해설 remember가 '(이미) ~했던 것을 기억하다'를 의미하는 경우는 동명사를 목적어로 취한다.
해석 나는 지난주 너와 콘서트에 간 걸 기억해.

38 **정답** apologizing you → apologizing to you
해설 apologize는 사람이나 기관 앞에 전치사 to를 써서 '~에게 사과하다'라고 쓰일 수 있다.
해석 너에게 사과한 걸 후회해. 그건 내 잘못이 아니었어.

39 **정답** take part → taking part
해설 dislike는 동명사를 목적어로 취한다.
해석 그는 그 연극에 참여하는 걸 싫어한다.

40 **정답** ○
해설 적절한 3형식 문장이다.
I gave my parents some money. (4형식)
= I gave some money to my parents. (3형식)
해석 나는 부모님께 돈을 조금 드렸다.

41 I brought him your old clothes.

42 She said to me her new story.

43 She told me her new story.

44 He asked a question to me.

45 We explained him the reason.

46 I tried to keep the vegetable freshly.

47 He left me disappointedly.

48 I made the room warmly.

49 We expect you to get a good score.

50 He forced me to staying in the car.

ANSWER

41 정답 ○
해설 적절한 4형식 문장이다.
해석 나는 그에게 네가 입던 옷을 가져다주었다.

42 정답 ○
해설 올바른 3형식 문장이다.
  She told me her new story.
  = She said her new story to me.
  = She said to me her new story.
해석 그녀는 나에게 그녀의 새 이야기를 들려주었다.

43 정답 ○
해설 올바른 4형식 문장이다.
해석 그녀는 나에게 그녀의 새 이야기를 말했다.

44 정답 to → of
해설 ask A of B : B에게 A를 질문하다
해석 그는 내게 질문을 하나 했다.

45 정답 explained him the reason → explained the reason to him
해설 explain은 4형식으로 쓸 수 없는 동사이다.
해석 우리는 그에게 그 이유를 설명했다.

46 정답 freshly → fresh
해설 5형식 동사 keep은 목적격 보어로 형용사를 쓴다.
해석 나는 채소를 신선하게 유지하려 했다.

47 정답 disappointedly → disappointed
해설 5형식 동사 leave는 목적격 보어로 형용사를 쓴다.
해석 그는 나를 실망한 채로 두고 떠났다.

48 정답 warmly → warm
해설 5형식 동사 make는 목적격 보어로 형용사를 쓴다.
해석 나는 방을 따뜻하게 만들었다.

49 정답 ○
해설 5형식 동사 expect는 부정사를 목적격 보어로 쓴다.
해석 우리는 네가 좋은 점수를 받을 것으로 기대한다.

50 정답 to staying → to stay
해설 5형식 동사 force는 부정사를 목적격 보어로 쓴다.
해석 그는 내가 차 안에 머물도록 강요했다.

51 I encouraged him from singing a song.

52 The surgery enabled me taking a walk.

53 I made him to do the dishes.

54 I made the baggage to carry.

55 I had the wallet steal.

56 I made myself understand in English.

57 I helped the old lady crossing the street.

58 I heard him to sing a song.

ANSWER

51 【정답】 from singing → to sing
【해설】 5형식 동사 encourage는 부정사를 목적격 보어로 쓴다.
【해석】 나는 그가 노래를 부르도록 격려했다.

52 【정답】 taking → to take
【해설】 5형식 동사 enable은 부정사를 목적격 보어로 쓴다.
【해석】 수술 덕분에 나는 산책할 수 있게 되었다.

53 【정답】 to do → do
【해설】 사역동사 make는 목적어와 목적격 보어의 관계가 능동일 때, 동사원형을 목적격 보어로 쓴다.
【해석】 나는 그에게 설거지를 시켰다.

54 【정답】 to carry → carried
【해설】 사역동사 make는 목적어와 목적격 보어의 관계가 수동일 때, 과거분사(p.p)를 목적격 보어로 쓴다.
【해석】 나는 그 짐이 운반되도록 만들었다.

55 【정답】 steal → stolen
【해설】 사역동사 have는 목적어와 목적격 보어의 관계가 수동일 때, 과거분사(p.p)를 목적격 보어로 쓴다.
【해석】 나는 지갑을 도둑맞았다.

56 【정답】 understand → understood
【해설】 사역동사 make는 목적어와 목적격 보어의 관계가 수동일 때, 과거분사(p.p)를 목적격 보어로 쓴다.
【해석】 나는 영어로 내 의사를 전달했다.

57 【정답】 crossing → cross 또는 to cross
【해설】 5형식 준사역동사 help는 부정사 혹은 동사원형을 목적격 보어로 취한다.
【해석】 나는 노부인이 길을 건너도록 도와드렸다.

58 【정답】 to sing → sing 또는 singing
【해설】 5형식 지각동사 hear이 목적어와 목적격 보어의 관계가 능동인 경우 동사원형 또는 현재분사(Ving)를 목적격 보어로 쓴다.
【해석】 나는 그가 노래 부르는 것을 들었다.

조동사

1 조동사의 종류

⑴ **문법 조동사** : 진행, 수동, 완료, 의문, 부정 등 문법적인 역할을 수행하는 조동사

> be, have, do

⑵ **화법 조동사** : 본동사에 앞에 놓여서 뉘앙스를 추가해 주는 역할을 하는 조동사

> ① will, shall, can, may, must
> ② would, should, could, might
> ③ ought to (해야 한다), used to (하곤 했다), had better (~하는 것이 낫다),
> would rather (차라리 ~하다)
> ④ need (~할 필요가 있다), dare (감히 ~하다)

─ 이후에 논의되는 조동사는 화법 조동사로 한다.

2 조동사의 기본 원칙

⑴ 조동사는 주어의 수나 인칭에 관계없이 원형으로 쓰인다.

⑵ 조동사 뒤에는 반드시 동사원형이 쓰인다.

⑶ 두 개 이상의 조동사가 중복되어 사용될 수 없다.

⑷ 부정의 not은 첫 번째 조동사 뒤에 위치한다.

예 01 He cans speak Korean. (×: cans → can)
그는 한국어를 할 줄 안다.

예 02 He can speaks Korean. (×: speaks → speak)
그는 한국어를 할 줄 안다.

예 03 He will can speak Korean. (×)
그는 한국어를 할줄 알게 될 것이다.

예 04 I don't can speak Korean. (×: don't can → cannot 또는 can't)
나는 한국어를 할 줄 모른다.

> **TIP**
>
> - had better의 부정형 : had better not RV (∼하지 않는 것이 낫다)
> - would rather의 부정형 : would rather not RV (차라리 ∼하지 않겠다)
> - ought to의 부정형 : ought not to RV (∼하면 안 된다)

예 05 You had better not believe him.
너는 그를 믿지 않는 것이 낫다.

예 06 I would rather not discuss the case now.
나는 지금 그 사건에 대해 논쟁하지 않는 것이 낫다.

예 07 She ought not to tell a lie.
그녀는 거짓말을 하면 안 된다.

3 조동사의 기본 쓰임

(1) can, could

① **능력** : ∼할 수 있다, ∼할 줄 안다 (= be able to V, be capable of Ving)

예 08 I can speak Korean.
나는 한국어를 할 줄 안다.

② **허가** : ∼해도 된다

예 09 You can use my computer.
너는 내 컴퓨터를 써도 된다.

③ **가능성** : ∼일 가능성이 있다, ∼일 수도 있다

예 10 The rumor can be true.
그 소문은 사실일 수도 있다.

예 11 The rumor cannot be true.
그 소문은 사실일 리 없다.

(2) may, might

① **허가** : ∼해도 된다

예 12 You may use the computer.
너는 저 컴퓨터를 써도 된다.

② **추측** : 아마도 ∼일 것이다

예 13 There may be a problem between them.
그들 사이에 아마도 문제가 있을 것이다.

(3) must

구분	부정형	과거형
강한 의무 (~해야만 한다)	**must not** (~하면 안 된다) ≠ **don't have to V** (~할 필요 없다)	**had to RV** (~해야만 했다)
강한 추측 (~임이 분명하다)	**cannot (be)** (~일 리 없다)	**must have p.p** (과거에 ~였음/했음이 분명하다) ↔ **cannot have p.p** (과거에 ~였을/했을 리 없다)

예 14 I had to wake up early yesterday.
나는 어제 일찍 일어났어야만 했다.

예 15 You must not tell the secret.
너는 비밀을 절대로 말하면 안 된다.

예 16 You don't have to tell the story.
너는 그 이야기를 할 필요가 없다.

예 17 He must be the criminal.
그는 범인인 게 분명하다.

예 18 He cannot be the criminal.
그는 범인일 리 없다.

예 19 The tree must have fallen down during the storm last night.
나무가 지난 밤 태풍동안에 쓰러진 것이 분명하다.

예 20 You cannot have met him yesterday.
너는 어제 그 사람을 만났을 리 없다.

(4) will, would

① will : 미래 (~일 것이다), 의지 (~할 것이다), 고집이나 경향 (~하기 마련이다)

예 21 You will pass the exam next year. (미래)
너는 내년 시험에 합격할 것이다.

예 22 I won't do such a behavior again. (의지)
나는 다시는 그러한 행동을 하지 않을 것이다.

예 23 Accidents will happen. (경향)
사고는 발생하기 마련이다.

② would : 습관 (~하곤 했다), 공손한 부탁, 소망

예 24 We would take a walk together. (습관)
우리는 함께 산책을 하곤 했다.

예 25 Would you do me a favor? (공손한 부탁)
제 부탁을 들어주시겠어요?

⑸ shall, should

① shall : 법조문 또는 계약서 (~해야 한다), 제안 (~할까요?)

예26 You shall not kill. (성경)
살인하지 말라.

예27 The President shall be Commander in Chief of the Army and Navy of the CHAPTERed States. (미국 헌법)
대통령은 미국의 육군과 해군 총사령관이 된다.

예28 Shall we go for a drink after work? (제안)
퇴근하고 한 잔 어때요?

② should : 당위 (당연히 ~해야 한다)

예29 You should obey the rules.
너는 규칙을 지켜야 한다.

예30 You should love your neighbors.
너는 네 이웃을 사랑해야 한다.

4 빈출 조동사 should

⑴ 당위의 동사 또는 형용사

① 주장, 요구, 제안, 명령의 의미를 갖는 동사＋that S (should) RV

→ 해석 : S가 V해야 한다고 주장, 요구, 명령, 제안하다

> insist (주장하다), move (주장하다), suggest (주장하다), require (요구하다), request (요구하다), ask (요청하다), demand (요구하다), urge (촉구하다), order (명령하다), advise (제안하다), recommend (제안하다), propose (제안하다)

② It is＋당위의 형용사＋that S (should) RV

→ 해석 : S가 V해야 하는 것이 중요하다/필요하다/당연하다

> necessary (필요한), essential (필수적인), vital (필수적인), natural (당연한), important (중요한), imperative (필수적인)

예31 I recommend that he see a lawyer.
나는 그가 변호사를 만나야 한다고 제안했다.

예32 She insisted that the company begin advertising for a new accountant.
그녀는 그 회사가 새 회계사 모집을 시작해야 한다고 주장했다.

예33 I asked that the door be closed.
나는 문이 닫혀져야 한다고 요청했다.

예34 It was vital that they follow my order.
그들이 내 명령을 따르는 것이 필수적이었다.

예35 It is natural that he be proud of his children.
그가 자녀들에 대해 자랑스러워하는 것이 당연하다.

TIP

that 이하에 '~해야 한다'라는 의미가 없을 때, 즉 단순한 사실에 대한 주장인 경우에는 동사원형이 아니라 문맥상 적절한 시제의 동사를 쓴다.

예36 The lawyer insisted that you committed the crime.
변호사는 네가 그 범행을 저질렀다고 주장한다.

예37 The evidence suggests that she stole the car.
증거는 그녀가 차를 훔쳤다고 주장한다. (암시한다.)

(2) lest-should 구문

> lest S (should) RV : S가 V하지 않도록, S가 V할까봐

예38 I kept silent lest the baby (should) wake up.
나는 아기가 깨지 않도록 조용히 있었다.

예39 He hid money lest robbers (should) find it.
그는 강도들이 찾지 못하도록 돈을 숨겼다.

예40 She scrutinized the document lest suspicion (should) be aroused.
의심이 일어나지 않도록 그녀는 문서를 면밀히 조사했다.

(3) should have p.p : ~했어야 했는데...

should not have p.p : ~하지 말았어야 했는데...

(4) it is time 구문

> It is time (that) S + 과거시제 또는 should RV : (이제는, 지금은) S가 V해야 할 때이다.

예41 It is time that we went(= should go) home.
우리가 집에 가야 할 때이다.

예42 It is high time that she took(= should take) an action.
그녀가 조치를 취해야 할 때이다.

[5] 조동사＋have p.p ＝ 과거에 대한 추측/후회

과거 일에 대한 후회나 추측을 나타내는 문맥에서는 조동사 뒤에 동사원형이 아니라 have p.p를 써야 한다.

⑴ 과거 일에 대한 추측

① may / might have p.p : (과거에) 아마 ~이었을 것이다
② must have p.p : (과거에) ~이었음이 분명하다
③ cannot have p.p : (과거에) ~이었을 리가 없다

예 43 They must have caught cold last night.
그들은 어젯밤에 감기에 걸린 것이 분명하다.

예 44 Tigers may have been extinct in Korea nearly 100 years ago.
호랑이는 한국에서 거의 100년 전에 멸종했을 것이다.

예 45 He cannot have done such a stupid thing.
그는 그런 바보 같은 짓을 했을 리 없다.

⑵ 과거 일에 대한 후회

① should have p.p : (과거에) 했어야 했는데... (안함)
② should not have p.p : (과서에) 하지 말았어야 했네... (함)

예 46 I should have called you earlier.

= I ought to have called you earlier.
내가 너에게 더 일찍 전화했어야 했는데... (안 함)

예 47 The accident should not have happened.

= The accident ought not to have happened.
그 사건이 발생하지 말았어야 했는데... (함)

6 조동사 관용표현

(1) may (might도 가능)

> ① may well RV : ~하는 것이 당연하다
> ② may as well RV : ~하는 것이 낫다
> ③ may as well RV_1 as RV_2 : RV_2하는 것보다 RV_1하는 것이 낫다
>   (= would rather RV_1 than RV_2)

예 48 He may well complain about the noise.
그가 소음에 대해 불평하는 것이 당연하다.

예 49 You may as well tell the truth.
너는 사실대로 말하는 것이 낫다.

예 50 The place might as well not exist at all.
그 장소는 존재하지 않는 것이 낫다.

예 51 You may as well give it up as do it hesitantly.

= You would rather give it up than do it hesitantly.
너는 주저하면서 그것을 하는 것보다 포기하는 것이 낫다.

예 52 I might as well die as live in dishonor.

= I would rather die than live in dishonor.
나는 불명예스럽게 사느니 죽는 게 낫겠다.

(2) can

① ~하지 않을 수 없다, 어쩔 수 없이 ~했다 (could 가능)

> • cannot help **Ving**
> • cannot but **RV**
> • cannot help(= choose) but **RV**
> • have no choice(= alternative) but **to V**

예 53 I couldn't help falling in love with you.

= I couldn't but fall in love with you.

= I couldn't help but fall in love with you.

= I had no choice but to fall in love with you.
나는 너와 사랑에 빠지지 않을 수 없었다. (사랑에 빠질 수밖에 없었다.)

② 아무리 ~해도 지나치지 않다

> • **cannot** be **too** 형용사 : 아무리 형용사해도 지나치지 않다
> • **cannot** 동사 **too** much : 아무리 동사해도 지나치지 않다

예 54 You cannot be too careful in driving.
운전을 할 때엔 아무리 조심해도 지나치지 않다.

예 55 We cannot praise the brave boy too much.
우리는 그 용감한 소년을 아무리 칭찬해도 지나치지 않다.

(3) used to

> ① used to **RV** : ~하곤 했다(= would)
> ② be used to **RV** : ~하기 위해 사용되다
> ③ be used to **명사 / Ving** : ~하는 것에 익숙해지다
>   (= be accustomed to)

예 56 They used to love dinosaurs more when young.
그들은 어렸을 때 공룡을 정말로 좋아하곤 했다.

예 57 This drug is used to lower blood pressure.
이 약은 혈압을 낮추기 위해 사용된다.

예 58 He was used to getting his own way.
그는 자기 마음대로 하는 것에 익숙해져 있었다.

(4) had better

> had better RV : ~하는 것이 낫다
> = may as well RV
> = had better RV
> = do well to V

예 59 You had better go to bed now.
지금 잠자리에 드는 것이 좋겠다.

예 60 You had better cut your speech in several places.
너의 연설을 몇 군데 삭제하는 것이 좋겠다.

예 61 You had better have a word with your dad.
아버지와 이야기를 해 보는 것이 좋겠다.

예 62 She had better not remain here any longer.
그녀는 여기에 더 이상 남아있지 않는 것이 낫다.

7 조동사 need, dare

• need와 dare은 조동사와 일반동사 양쪽으로 쓰일 수 있다.
• 긍정문에서는 본동사로, 부정문이나 의문문에서는 조동사로 쓰는 것이 일반적이다.

구분		긍정문	부정문	의문문
need	일반동사	need to V	**don't need to V**	Do I need to V ~?
	조동사		**need not RV**	Need I RV ~?
dare	일반동사	dare to V	**don't dare to V**	Do I dare to V ~?
	조동사		**dare not RV**	Dare I RV ~?

예 63 He needs to learn to curb his temper.
그는 성질 죽이는 법을 배울 필요가 있다.

예 64 I don't need to send a fax right now.

= I need not send a fax right now.
나는 지금 당장 팩스를 보낼 필요는 없다.

예 65 She dare not come here.
그녀는 감히 여기에 오지 못한다.

예 66 They didn't dare to jump across the stream.
그들은 감히 개울을 뛰어 넘을 용기가 없었다.

MEMO

03 EXERCISE

다음 문장의 옳고 그름을 판단하고, 틀린 부분을 옳게 고치시오. (01~38)

01 I would rather walk than take a taxi.

02 You may as well leaving for Seoul now.

03 I had not better believe him.

04 The rumor cannot be true.

05 I must hide my sorrow when I heard that the war broke out 10 years ago.

✓ *sorrow* 슬픔 ✓ *break out* 발생하다

06 Nobody can master English in a year.

07 You don't have to drive a car before you get a license.

✓ *license* 면허

08 She looks tiredly. She must take some rest yesterday.

09 You should help the old lady cross the street.

✓ *cross* 건너다

10 My doctor advised that I work out regularly.

✓ *work out* 해결하다, 운동하다

ANSWER

01 [정답] ○
[해설] would rather RV₁ than RV₂ : RV₂하는 것보다 RV₁하는 것이 낫다
[해석] 나는 택시를 타는 것보다 걷는 것이 낫겠다.

02 [정답] leaving → leave
[해설] may as well + RV : ~하는 것이 낫다
[해석] 너는 지금 서울로 떠나는 게 좋겠다.

03 [정답] had not better → had better not
[해설] had better 뒤로 not을 위치시키는 어순이 옳다.
[해석] 나는 그를 믿지 않는 게 좋겠다.

04 [정답] ○
[해설] cannot (be) : ~일 리 없다
[해석] 그 소문은 사실일 리 없다.

05 [정답] must → had to
[해설] '(과거에) ~했어야만 했다'라고 해석이 되는 과거의 의무는 had to RV으로 표현한다.
[해석] 나는 10년 전에 전쟁이 났다는 이야기를 들었을 때 슬픔을 숨겨야만 했다.

06 [정답] ○
[해석] 어떤 사람도 1년만에 영어를 마스터할 수는 없다.

07 [정답] don't have to → must not
[해설] • don't have to RV : ~할 필요가 없다
　　　 • must not RV : ~하면 안 된다
[해석] 면허를 따기 전에 운전하면 안 된다.

08 [정답] • tiredly → tired
　　　 • must take → should have taken 또는 cannot have taken
[해석] 그녀는 피곤해 보인다. 그녀는 어제 휴식을 취했었어야 했는데... / 휴식을 취했을 리 없다.

09 [정답] ○
[해석] 너는 할머니가 길 건너는 것을 도와드려야 한다.

10 [정답] ○
[해설] 제안동사인 advise는 that절에 should를 생략시킨 동사원형을 써야 한다.
[해석] 의사는 내가 주기적으로 운동해야 한다고 조언했다.

11 My doctor advised me working out regularly.

12 My superiors requested that the company cut the loss.

✔ *superior 선임, 상사* ✔ *cut the loss 손실을 줄이다*

13 He demanded that she was on duty on this Sunday.

✔ *be on duty 근무하다, 당직을 서다*

14 He suggested that she take the medicine to prevent tumor from growing.

✔ *tumor 종양*

15 She suggested that my son was at the bar last night.

16 The results of the test suggested that the papers were fake.

✔ *fake 가짜의, 사기의*

17 He proposed that the book be not banned.

✔ *ban 금지하다*

18 Be careful lest you shouldn't fall from the ladder.

✔ *ladder 사다리*

19 She ran fast lest she be late for school.

20 I should call you last night.

ANSWER

11 **정답** working → to work
해설 advise는 5형식으로도 쓰일 수 있다. (advise A to V : A가 V하도록 조언하다)
해석 의사는 내가 주기적으로 운동할 것을 조언했다.

12 **정답** ○
해설 요구동사인 request는 that절에 should를 생략시킨 동사원형을 써야 한다.
해석 상사들은 그 회사가 손실을 줄여야 한다고 요구했다.

13 **정답** was → be
해설 요구동사인 demand는 that절에 should를 생략시킨 동사원형을 써야 한다.
해석 그는 그녀가 이번 일요일에 근무해야 한다고 요구했다.

14 **정답** ○
해설 주장동사인 suggest는 that절에 should를 생략시킨 동사원형을 써야 한다.
해석 그는 그녀가 종양이 자라는 것을 막기 위해 약을 먹어야 한다고 주장했다.

15 **정답** ○
해설 suggest가 앞으로 해야 할 일에 대한 당위성을 주장하는 것이 아니라, 이미 발생한 사건을
주장하는 문맥이라면 that절에 동사원형이 아닌 과거시제나 대과거시제를 쓰는 것이 옳다.
해석 그녀는 내 아들이 어젯밤에 술집에 있었다고 주장했다.

16 **정답** ○
해설 suggest가 '암시하다'라는 뜻으로 쓰인 문장의 that절에서는 어떤 시제든 가능하다.
해석 실험의 결과는 보고서가 가짜라는 것을 암시했다.

17 **정답** be not → not be
해설 proposed that 이하의 원문은 'the book should not be banned'가 적절하다.
해석 그는 그 책이 금지되면 안 된다고 제안했다.

18 **정답** shouldn't fall → (should) fall
해설 lest-should 구문에서는 should에 not을 붙이지 않는다.
해석 사다리에서 떨어지지 않도록 조심해라.

19 **정답** ○
해설 lest-should 구문에서 should는 생략이 가능하므로 동사원형이 쓰일 수 있다.
해석 그녀는 학교에 늦지 않도록 빨리 달렸다.

20 **정답** should call → should have called
해설 should have p.p : (과거에) ~했어야 했는데...
해석 어젯밤에 네게 전화했어야 했는데...

21 I should invite them to the ceremony but I didn't.

✓ *ceremony* 행사

22 Your parents may well be proud of you.

✓ *be proud of* ~를 자랑스러워하다

23 You may as well asking a question to the teacher.

24 I would rather die as surrender.

✓ *surrender* 항복하다

25 His behavior couldn't but to make people worry.

26 I couldn't help but let the children eat my pizza.

27 She couldn't help jumping with joy.

28 You have no choice but get along with him.

✓ *get along with* ~와 친하게 지내다

29 She used to buy a newspaper on the way to work.

30 She was used to listen to the music.

ANSWER

21 〔정답〕 should invite → should have invited
　　〔해설〕 but I didn't에서 '과거에 했어야 했는데 그렇게 하지 않았다'라는 문맥을 읽을 수 있으므로
　　　　　 should have p.p 형태가 적절하다.
　　〔해석〕 그들을 행사에 초대했어야 했는데 나는 그러지 않았다.

22 〔정답〕 ○
　　〔해설〕 may well RV : ~하는 것이 당연하다
　　〔해석〕 부모님이 널 자랑스러워하는 것이 당연하다.

23 〔정답〕 asking → ask, to → of
　　〔해설〕 • may as well RV : ~하는 것이 낫다
　　　　　 • ask A of B : B에게 A를 묻다, 질문하다
　　〔해석〕 너는 선생님에게 질문을 하는 것이 낫다.

24 〔정답〕 as → than
　　〔해설〕 would rather RV_1 than RV_2 : RV_2보다 RV_1이 낫다
　　〔해석〕 항복하느니 죽는 게 낫겠다.

25 〔정답〕 to make → make
　　〔해설〕 cannot but RV : ~하지 않을 수 없다
　　〔해석〕 그의 행동은 사람들이 걱정하도록 만들지 않을 수 없었다.

26 〔정답〕 ○
　　〔해설〕 • cannot help Ving : ~하지 않을 수 없다
　　　　　 • let은 사역동사이므로 동사원형 eat이 목적격 보어로 쓰일 수 있다.
　　〔해석〕 나는 아이들이 내 피자를 먹도록 하지 않을 수 없었다.

27 〔정답〕 ○
　　〔해설〕 cannot help Ving : ~하지 않을 수 없다
　　〔해석〕 그녀는 기뻐서 뛰지 않을 수 없었다.

28 〔정답〕 get → to get
　　〔해설〕 have no choice but to V : ~하지 않을 수 없다
　　〔해석〕 너는 그와 잘 지내지 않을 수 없다.(= 잘 지내야만 한다.)

29 〔정답〕 ○
　　〔해설〕 used to RV : ~하곤 했다
　　〔해석〕 그녀는 출근하는 길에 신문을 사곤 했다.

30 〔정답〕 listen → listening
　　〔해설〕 be used to Ving : ~하는 것에 익숙하다
　　〔해석〕 그녀는 음악을 듣는 것에 익숙했다.

31 There used to be a tall tree on the corner.

32 The spear was used to attack whales.

✓ *spear* 창

33 A man cannot be too careful in the choice of his enemies.

✓ *in the choice of* ~를 선택할 때

34 They ought to apologize last night.

35 You ought to not allow the visitors take pictures in the private area.

36 You don't need using all those chemicals.

✓ *chemicals* 화학물질

37 He needs not learn to curb his temper.

✓ *curb* 억누르다 ✓ *temper* 성질

38 I dare not tell you what he did lest I should hurt his pride.

ANSWER

31 정답 ○
해설 조동사 used to+동사원형 : ~하곤 했다.
해석 코너에 큰 나무가 있곤 했다.

32 정답 ○
해설 be used to RV : ~하기 위해 사용되다
해석 창은 고래를 공격하기 위해 사용되었다.

33 정답 ○
해설 cannot-too : 아무리 ~해도 지나치지 않다
해석 사람은 자신의 적수를 선택할 때에 아무리 신중해도 지나치지 않다.

34 정답 apologize → have apologized
해설 ought to는 should처럼 '과거에 ~했어야 했는데…'라는 의미를 가질 때에 ought to have p.p로 쓰여야 한다.
해석 그들이 어젯밤에 사과했어야 했는데…

35 정답 ought to not → ought not to, take → to take
해설 • ought to의 부정형은 ought not to이다.
• allow는 5형식 동사이므로 부정사를 목적격 보어로 취한다.
해석 너는 방문객들이 사적 공간에서 사진을 찍도록 허락해서는 안 된다.

36 정답 using → to use
해설 need가 일반동사로 쓰이면 부정사를 목적어로 취한다.
해석 너는 그 화학물질을 모두 쓸 필요는 없다.

37 정답 needs → need, to curb → curb
해설 need가 조동사로 쓰인 경우는 뒤에 동사원형이 와야 한다.
해석 그는 성격을 누를 법을 익힐 필요가 없다.

38 정답 ○
해설 • dare이 조동사로 쓰인 문장이므로 tell은 동사원형으로 쓰일 수 있다.
• lest-should 구문이 올바르게 쓰였다.
해석 나는 그의 자존심을 상하게 할까 봐 네게 그가 한 일을 감히 이야기 할 수 없다.

김태은 영어

마지막 기본 영문법

본동사

동사의 시제

1 영어의 12가지 시제

구분	현재	과거	미래
단순	단순 현재 시제 RV, V(e)s	단순 과거 시제 과거형 (Ved)	단순 미래 시제 will RV
완료	현재 완료 시제 have / has p.p	과거 완료 시제 had p.p	미래 완료 시제 will have p.p
진행	현재 진행 시제 am / is / are Ving	과거 진행 시제 was / were Ving	미래 진행 시제 will be Ving
완료진행	현재 완료 진행 시제 have / has been Ving	과거 완료 진행 시제 had been Ving	미래 완료 진행 시제 will have been Ving

2 단순 현재 시제: RV 또는 V(e)s

(1) 단순 현재 시제를 사용하는 경우

① 현재의 동작이나 상태

예 01 We all want to feel important.
우리 모두는 (스스로가) 중요하다고 느끼길 바란다.

예 02 My dog really likes chasing rabbits.
나의 개는 토끼 쫓는 것을 정말로 좋아한다.

② 변하지 않는 일반적인 사실, 진리, 속담, 습관

예 03 The earth moves around the sun.
지구는 태양 주변을 돈다.

예 04 Water boils at 100°C.
물은 섭씨 100도에서 끓는다.

예 05 Water consists of hydrogen and oxygen.
물은 수소와 산소로 구성된다.

예 06 She gets up at six every morning.
그녀는 매일 아침 6시에 일어난다.

⑵ **미래의 사건임에도 현재 시제를 사용하는 예외적인 경우**

① 시간과 조건의 부사절 속에서는 현재가 미래를 대신한다.

시간 접속사	when (~할 때), until (~까지), while (~동안), before (~전에), after (~후에), as soon as (~하자마자), whenever (~할 때마다), by the time (~할 때쯤)
조건 접속사	if (~한다면), unless (~하지 않는다면), once (일단 ~하고나면), in case (~인 경우에/대비하여), as long as (~하는 한), as far as (~하는 한)

예 07 When I see Ted, I will give him the books.
내가 Ted를 보면, 그에게 책을 줄 것이다.

예 08 I will call you as soon as I arrive at the airport.
내가 공항에 도착하자마자 네게 전화할게.

예 09 If you get up late tomorrow, you will miss the train.
만약 네가 내일 늦게 일어난다면, 기차를 놓치게 될 거야.

예 10 I won't help him unless he apologizes first.
그가 먼저 사과하지 않으면 나는 그를 돕지 않을 거야.

② **왕래발착동사** : 왕래발착동사가 미래의 시점을 나타내는 표현과 함께 쓰인다면, 단순 현재 또는 현재 진행 시제로 가까운 미래를 표현할 수 있다.

왕래발착동사	come, go, arrive, start, leave, depart (이륙하다), reach

예 11 He will leave(= leaves, is leaving) for China next Friday.
그는 다음주 금요일에 중국으로 떠날 것이다.

예 12 The train is departing in 10 minutes.
열차가 10분 후에 출발합니다.

3 **단순 과거 시제 : Ved**

⑴ 과거의 어떤 시점에 이루어진 동작이나 상태를 나타낼 때 사용한다.

⑵ 문장에 명확하게 과거를 나타내는 표현이 있다면, 과거 시제만 사용해야 한다.

yesterday, last (지난), ~ ago (~전에), in 년도, at that time (당시에), then (당시에), when s + 과거동사 (~했을 때), what time (언제)~?

예 13 The police arrested three bank robbers last week.
경찰은 지난주에 세 은행 강도를 체포했다.

예 14 His wife died five years ago.
그의 아내는 5년 전에 사망했다.

▣ 4 단순 미래 시제: will RV

(1) 미래의 어떤 시점에 이루어질 동작이나 상태를 나타낼 때 사용한다.

(2) **미래를 나타내는 다양한 표현들**

① be going to V : ~할 예정이다
② be about to V : 막 ~하려 하다, ~하기 직전이다
   (＝ be on the point / brink / verge of Ving)
③ be supposed to V : ~하기로 되어 있다
④ be sure to V : 반드시 ~할 것이다
⑤ be likely to V : ~할 가능성이 높다
⑥ be bound to V : ~할 의무가 있다, 해야만 한다
⑦ be to V : ~할 예정/운명/의무/의도이다

예 15 He was about to give up the plan.
그는 그 계획을 포기하기 직전이었다.

예 16 You are not supposed to walk on the grass.
잔디밭 위로 걸어 다니면 안 된다.

5 현재 완료 시제 : have(has) p.p

⑴ 현재 완료 시제의 여러 가지 쓰임

① **계속** : 이전에 시작된 동작이나 상태가 현재까지 계속 이어진 경우, 또는 이전에 발생했던 어떤 일의 영향력이 현재까지 영향을 미치는 경우를 표현한다.

> for (~동안), since (~이후로 지금까지), so far (지금까지),
> How long (얼마나 오래) ~?

예 17 I have kept her letters for 10 years.
나는 10년 동안 그녀의 편지를 간직해 왔다.

예 18 His health has deteriorated rapidly since last year.
작년 이후로 지금까지 그의 건강은 급격하게 악화되었다.

② **종료** : 동작이나 상태가 방금 끝난 경우를 표현한다.

> already (이미), just (방금 막)

예 19 I have already seen the film.
나는 이미 그 영화를 봤다.

예 20 She has just arrived home.
그녀는 방금 집에 도착했다.

③ **경험** : 동작이나 상태의 경험 여부를 표현한다.

> ever (해 본 적 있음), never (해 본 적 없음), once (한 번), twice (두 번)

예 21 She has never lost an argument.
그녀는 언쟁에서 져 본 적이 없다.

예 22 I have met him once.
나는 그를 한 번 만난 적 있다.

예 23 Have you ever considered living abroad?
너는 해외에서 사는 것을 고민해 본 적 있니?

⑵ 단순 과거 vs. 현재 완료

① 단순 시제로 표현하는 동사는 지속성을 갖지 않고 일회성에 그친다. 반면에 완료시제는 일정 기간 동안 지속된 여러 가지 상황을 표현한다.

② 각 시제의 의미뿐만 아니라 함께 쓰이는 표현에 유의한다. 문장에 특정 시점을 나타내는 표현이 쓰였다면 그 문장의 동사는 단순 시제여야 하고, 지속된 기간을 나타내는 표현이 쓰였다면 그 문장의 동사는 완료 시제여야 한다.

③ 특히 단순 과거와 현재 완료를 구분하는 것이 중요하다.

시점 표현		기간 표현
yesterday, last, ago, in 년도	VS	for, since
↓		↓
단순 과거		현재 완료

BUILD UP since의 용법

> since **전치사** ~이래로 지금까지
> **접속사** ① ~이래로 지금까지
> ② ~때문에

☑ 전치사 since가 쓰인 문장의 동사는 완료시제로 쓴다.

예 24 He hasn't eaten anything since yesterday.
> 그는 어제 이후로 지금까지 아무것도 먹지 않았다.

예 25 She has changed a lot since her marriage.
> 그녀는 결혼 이후로 꽤 많이 변했다.

☑ since가 접속사로 쓰여 '~이래로 지금까지'라고 해석된다면, 종속절에는 단순과거 시제, 주절에는 현재완료 시제를 쓴다.

예 26 I have known her since she was a child.
> 그녀가 어렸을 때 이후로 나는 그녀를 쭉 알아왔다.

예 27 I knew her when she was a child.
> 그녀가 어렸을 때 나는 그녀를 알았었다.

☑ since가 접속사로 쓰여 '~때문에'라고 해석된다면, 시제와는 무관해진다.

예 28 She got the promotion since she knew the system best.
> 그녀는 시스템을 가장 잘 알기 때문에 진급했다.

BUILD UP It is 기간 since S + 과거동사 (S가 V한 지 기간이 지났다)

예 29 It is ten years since he died.
> = It has been ten years since he died.
> = Ten years have passed since he died.
> = He died ten years ago.
> 그가 죽은 지 10년이 지났다.

BUILD UP 전치사 during은 '~동안'이라는 뜻이지만, 단순시제와 쓰인다.

예 30 Many people lost their jobs during the recession.
> 불경기 동안에 많은 사람들이 직업을 잃었다.

6 과거 완료 시제 : had p.p

(1) 이전 과거부터 특정 과거 시점까지 행해진 동작이나 상태를 나타낸다.

예31 He had been ill for three weeks when he went to see a doctor.
그는 3주 동안 앓다가 병원에 갔다.

(2) 대과거 had p.p

① 문장에 과거에 발생한 동사가 두 개 등장했을 때, 둘 중 더 과거 시점을 대과거라고 부르며 had p.p로 표현한다.

② 과거에 일어난 두 사건의 선후관계를 명확하게 하고자 할 때 사용한다.

③ before, after와 같은 표현이 쓰여 시간의 순서가 명확한 경우 굳이 대과거를 쓰지 않아도 된다.

예32 Kate lost the watch that I had bought for her.
Kate는 그녀를 위해 사 주었던 시계를 잃어버렸다.

예33 He had known the story long before he received the book.
그는 그 책을 받기 훨씬 전에 그 이야기를 알고 있었다.

예34 I had not walked a mile before it began to rain.
내가 1마일도 채 걸어가지 않았을 때 비가 내리기 시작했다.

예35 By the time we arrived at the airport, the flight had already taken off.
우리가 공항에 도착했을 때쯤, 비행기는 이미 이륙한 상태였다.

예36 Since the warranty had expired, the repairs were not free of charge.
보증 기간이 만료되어서 수리는 무료가 아니었다.

예37 The train departed just before I reached the station.
내가 역에 도착하기 직전에 기차가 출발했다.

7 미래 완료 시제 : will have p.p

지속된 동작이나 상태가 미래까지 지속이 되는 경우 쓰인다.

예38 She will have helped the poor for a decade by this time next year.
내년 이맘때가 되면 그녀가 불쌍한 사람들을 도운 지 10년째가 된다.

예39 I will have been in hospital for two weeks by next Sunday.
다음 일요일이면 병원에 입원한 지 2주째가 된다.

예40 He will have seen the movie three times if he sees it again.
그가 그 영화를 한 번 더 보면 세 번 보는 셈이 된다.

8 진행 시제

(1) 진행 시제는 동작이 진행되고 있는 것을 강조하고자 할 때 쓴다.

(2) 다음의 동사들은 진행 시제로 쓸 수 없다.

1	상태동사	be, exist, resemble, remain, last, lack
2	지각동사	look, appear, seem, see, sound, hear, taste, feel, smell
3	소유동사	have, belong to, own, possess
4	인식동사	know, understand, believe, forget, remember
5	감정동사	love, like, dislike, hate, prefer

예 41 The car is belonging to me. (×: is belonging → belongs)
그 차는 나에게 속한다. (그 차는 나의 것이다.)

예 42 I am knowing your name. (×: am knowing → know)
나는 너의 이름을 안다.

예 43 I am resembling my father. (×: am resembling → resemble)
나는 아버지를 닮았다.

예 44 I have been knowing Jose until I was seven. (×)

→ I had known Jose until I was seven.
나는 7살 때까지 Jose를 알았다.

TIP

have가 '가지다'가 아닌 다른 뜻으로 쓰일 때엔 진행 시제가 가능하다.

예 45 I am having lunch now. (먹다)
나는 지금 점심을 먹고 있다.

예 46 We were having a good time. (시간을 보내다)
우리는 좋은 시간을 보내는 중이다.

9 시제 일치

(1) 원칙

① 주절 동사가 현재일 경우 종속절에는 어떤 시제도 올 수 있다.

② 그러나 주절동사가 과거시제인 경우 종속절 동사는 과거 시제 또는 과거 완료 시제만 쓰일 수 있다. 이 때에는 조동사도 과거형으로만 써야 한다.

예 47 He said that he <u>is</u> happy. (×: is → was 또는 had been)
그는 행복하다고 말했다.

예 48 I knew that you <u>can</u> speak English. (×: can → could)
나는 네가 영어를 할 줄 안다는 것을 안다.

(2) 예외

① 종속절의 내용이 일반적인 사실이라면 무조건 단순 현재 시제로 써야 한다.

예 49 Nevertheless, he said that the earth <u>was</u> round. (×: was → is)
그럼에도 불구하고, 그는 지구가 둥글다고 말했다.

예 50 We learned that the early birds catch the worm.
우리는 일찍 일어나는 새가 벌레를 잡는다는 것을 배웠다.

② 종속절의 내용이 역사적 사실이라면 무조건 단순 과거 시제로 써야 한다.

예 51 I learned that Columbus <u>had discovered</u> America in 1492.
(×: had discovered → discovered)
나는 콜럼버스가 1492년에 미 대륙을 발견했다는 것을 배웠다.

예 52 She said that World War Ⅱ broke out in 1939.
그녀는 2차 세계대전이 1939년에 발발했다고 말했다.

10 시제에 주의해야 할 [A하자마자 B했다] 구문

	~ 하자마자	~ 했다
1	**As soon as** S + 과거동사	S + 과거동사
2	S had **no sooner** p.p = **No sooner** had S p.p	**than** S + 과거동사
3	S had **hardly**(= **scarcely**) p.p = **Hardly**(= **Scarcely**) had S p.p	**when**(= **before**) S + 과거동사

예 53 As soon as the game started, it began to rain.

　　= The game had no sooner started, than it began to rain.

　　= No sooner had the game started, than it began to rain. (도치)

　　= The game had hardly started, when it began to rain.

　　= Hardly had the game started, when it began to rain. (도치)
　　경기가 시작하자마자, 비가 내리기 시작했다.

예 54 As soon as she entered the room, someone turned on the light.

　　=

　　=

　　그녀가 방에 들어가자마자 누군가가 불을 켰다.

11 not A before B 구문 (A하기 전에 B하다)

예 55 They have not walked a mile before it began to rain. (×)

　　→ They had not walked a mile before it began to rain.
　　그들이 채 1마일을 가기도 전에 비가 내렸다.

예 56 It will not be long before he will arrive. (×)

　　→ It will not be long before he arrives.
　　곧 그가 도착할 것이다.

CHAPTER 04

EXERCISE ❶

괄호 속 동사를 옳은 형태로 빈칸에 넣으시오. (01~14)

01 The earth ________________ round.
(be)

02 If he ________________ late, the meeting will be delayed.
(arrive)

03 Unless she ________________ the promise, I will give her all my money.
(break)

04 The train ________________ soon.
= ________________, ________________
(arrive)

05 I ________________ English for the fist time six months ago.
(study)

06 He is supposed ________________ me dinner.
(buy)

07 She is likely ________________ the chance.
(get)

08 I ________________ English since six months ago.
(study)

09 I ________________ English for six months.
(study)

10 I ________________ English for six months before I passed the test.
(study)

ANSWER

01 **정답** is
해설 일반적인 사실은 단순 현재 시제로 표현한다.
해석 지구는 둥글다.

02 **정답** arrives
해설 시간과 조건의 부사절 속에서는 현재가 미래를 대신한다.
해석 만약 그가 늦게 도착한다면, 회의는 연기될 것이다.

03 **정답** breaks
해설 시간과 조건의 부사절 속에서는 현재가 미래를 대신한다.
해석 그녀가 약속을 깨지 않는다면, 나는 그녀에게 내 모든 돈을 줄 것이다.

04 **정답** arrives, is arriving, will arrive
해설 왕래발착 동사는 미래 시제를 현재 시제나 현재 진행 시제로 바꿔 쓸 수 있다.
해석 열차가 곧 도착한다.

05 **정답** studied
해설 six months ago라는 표현이 있으므로 단순 과거 시제가 적절하다.
해석 나는 6개월 전에 처음으로 영어를 공부했다.

06 **정답** to buy
해설 be supposed to V (~하기로 되어 있다)
해석 그는 내게 저녁을 사기로 되어 있다.

07 **정답** to get
해설 be likely to V (~할 가능성이 높다)
해석 그녀는 기회를 얻을 가능성이 높다.

08 **정답** have studied
해설 문장에 since six months ago가 있으므로 현재 완료 시제가 적절하다.
해석 나는 6개월 전부터 지금까지 영어를 공부했다.

09 **정답** have studied
해설 문장에 for six months가 있으므로 현재완료 시제가 적절하다.
해석 나는 6개월 동안 영어를 공부했다.

10 **정답** had studied
해설 6개월이 지속되다가 과거에 끝난 내용이므로 과거분사가 적절하다.
해석 나는 시험에 합격하기 이전에 6개월 동안 영어를 공부했다.

11 I _______________ English for six months by this time next month.
(study)

12 I _______ no sooner _______ home _______ it _______ to rain.
       (arrive)   (start)

13 I _______ hardly _______ home _______ it _______ to rain.
      (arrive)   (start)

14 Tim will call you as soon as he _______________ at the airport.
(arrive)

ANSWER

11 **정답** will have studied
해석 다음 달 이맘때쯤이면 나는 영어를 공부한 지 6개월이 된다.

12 **정답** had, arrived, than, started
해설 S had no sooner p.p ～ than S 과거동사 : ～하자마자 ～했다
해석 내가 집에 도착하자마자 비가 오기 시작했다.

13 **정답** had, arrived, when 또는 before, started
해설 S had hardly(또는 scarcely) p.p ～ when(또는 before) S 과거동사 : ～하자마자 ～했다
해석 내가 집에 도착하자마자 비가 오기 시작했다.

14 **정답** arrives
해설 시간과 조건의 부사절 속에서는 현재가 미래를 대신한다.
해석 그가 공항에 도착하자마자 Tim은 네게 전화할 것이다.

EXERCISE ❷

다음 문장의 옳고 그름을 판단하고, 틀린 부분을 옳게 고치시오. (01~21)

01 He always goes to bed very late.

02 Serena is going to buying a new dress.

03 The earth moved around the Sun.

04 You will laugh as soon as you will see my new haircut.

05 He is not knowing my name.

06 You are seeming so sad.

07 When she was younger, she has practiced to play tennis with her friends.

08 I have learning to ski for two years.

09 I have subscribed the magazine since five years ago.

10 The exchange rate has raised since last Friday.

ANSWER

01 | 정답 | ○
| 해설 | 습관은 단순 현재 시제로 표현한다.
| 해석 | 그는 언제나 늦게 잠자리에 든다.

02 | 정답 | buying → buy
| 해설 | be going to RV : ~할 예정이다
| 해석 | Serena는 새 드레스를 살 예정이다.

03 | 정답 | moved → moves
| 해설 | 일반적인 사실은 단순 현재 시제로 표현한다.
| 해석 | 지구는 태양 근처를 돈다.

04 | 정답 | will see → see
| 해설 | 시간과 조건의 부사절 속에서는 현재가 미래를 대신한다.
| 해석 | 너는 내 새로 자른 머리를 보자마자 웃을 것이다.

05 | 정답 | is not knowing → doens't know
| 해설 | know는 진행 시제 불가 동사이다.
| 해석 | 그는 나의 이름을 모른다.

06 | 정답 | are seeming → seem
| 해설 | 지각동사는 원칙적으로 진행 시제로 쓸 수 없다.
| 해석 | 너는 슬퍼 보인다.

07 | 정답 | has 삭제, to play → playing
| 해설 | • 'when s + 과거동사'의 주절엔 단순 과거 시제를 쓴다.
　　　• practice는 동명사를 목적어로 취하는 3형식 동사이다.
| 해석 | 그녀가 어렸을 때, 그녀는 친구들과 테니스 연습을 했었다.

08 | 정답 | have learning → have learned
| 해설 | have Ving는 존재하지 않는 동사의 형태이다.
| 해석 | 나는 2년 동안 스키 타는 법을 배웠다.

09 | 정답 | ○
| 해설 | since five years ago라는 표현이 있으니 완료 시제가 적절하다.
| 해석 | 나는 5년 전부터 지금까지 잡지를 구독해왔다.

10 | 정답 | raised → risen
| 해설 | 타동사 raise는 목적어를 요구하므로 자동사인 rise가 필요하다.
| 해석 | 환율이 지난 금요일 이후로 지금까지 상승해왔다.

11 My uncle has known her since she was a child.

12 He starved to death since he had nothing to eat.

13 The tree has stood for 600 years before it was cut down.

14 When a child learn how to walk, he will keep falling down.

15 James was doing his homework for two hours.

16 Let's wait here together until it will stop raining.

17 We have dated for three months by next Friday.

18 She was about of crying.

19 I had no sooner laid on the bed than mom came in.

20 He is supposed to giving a speech tonight.

21 If you continue trying, you are bound to find the answer.

ANSWER

11 | 정답 | ○
| 해설 | 올바른 현재완료 시제의 쓰임이다.
| 해석 | 삼촌은 그녀가 어렸을 때 이후로 지금까지 그녀를 알아왔다.

12 | 정답 | ○
| 해석 | 그는 먹을 것이 없었기 때문에 죽을만큼 굶주렸다.

13 | 정답 | has → had
| 해설 | 나무가 잘린 것이 과거이므로 현재 완료가 아닌 과거 완료가 필요하다.
| 해석 | 그 나무는 잘려나가기 전까지 600년 동안 서 있었다.

14 | 정답 | learn → learns
| 해설 | 미래의 사건이라도 시간의 부사절 속에서는 현재 시제로 써야 한다.
| 해석 | 아이가 걷는 방법을 배울 때, 그는 계속해서 넘어질 것이다.

15 | 정답 | was doing → has been doing 또는 has done.
| 해설 | 문장에 for two hours라는 표현이 있으므로 완료 시제 또는 완료 진행 시제가 필요하다.
| 해석 | James는 두 시간째 숙제를 하고 있다.

16 | 정답 | will stop → stops
| 해설 | 시간과 조건의 부사절 속에서는 현재가 미래를 대신한다.
| 해석 | 비 내리는 것이 그칠 때까지 여기에서 기다리자.

17 | 정답 | have dated → will have dated
| 해설 | by next Friday라는 표현이 있으므로 미래 완료 시제가 필요하다.
| 해석 | 다음 금요일이면 우리가 만난 지 세 달째가 된다.

18 | 정답 | of crying → to cry
| 해설 | be about to V: ～하기 직전이다.
| 해석 | 그녀는 울기 직전이었다.

19 | 정답 | laid → lain
| 해설 | 타동사 lay는 목적어가 필요하므로 자동사인 lie가 적절하다.
| 해석 | 내가 침대에 눕자마자 엄마가 들어왔다.

20 | 정답 | giving → give
| 해설 | be supposed to V: ～하기로 되어 있다
| 해석 | 그는 오늘 저녁에 연설을 하기로 되어 있다. (연설할 예정이다.)

21 | 정답 | ○
| 해설 | be bound to V: 반드시 ～할 것이다, ～하지 않을 수 없다
| 해석 | 네가 계속해서 노력한다면, 분명히 답을 찾을 것이다.

동사의 태

1 태의 종류와 기본 개념

구분		구조	해석
능동태 (S → V)	수×시제	자동사	S가 V하다
		타동사 + 목적어 有	
수동태 (S ← V)	수×시제×be p.p	타동사 + 목적어 無	S가 V되다/해지다/받다/당하다

(1) **능동태**

① 주어가 동작을 직접 하는 관계를 나타낸다.

② 자동사는 수동태로 쓰일 수 없으므로 능동태로만 쓴다.

③ 타동사는 이하에 목적어가 있을 경우 능동태로 쓴다.

예 01 Racism has existed from long ago.
인종차별은 오래전부터 존재했다.

예 02 I made mistakes.
내가 실수를 했다.

(2) **수동태**

① 주어가 동작을 당하는 관계를 나타낸다.

② 타동사 이하에 목적어가 없을 경우 수동태로 써야 한다.

예 03 Mistakes were made.
실수가 만들어졌다. (실수가 있었다.)

구분		능동태 (S → V)	수동태 (S ← V)
단순	현재	RV, V-(e)s	am / is / are p.p
		I **paint** the house. He **paints** the house.	The house **is painted**. The houses **are painted**.
	과거	Ved	was / were p.p
		I **painted** the house.	The house **was painted**. The houses **were painted**.
	미래	will RV	will be p.p
		I **will paint** the house.	The house **will be painted**.
완료	현재	have(has) p.p	have(has) been p.p
		I **have painted** the house. He **has painted** the house.	The house **has been painted**. The houses **have been painted**.
	과거	had p.p	had been p.p
		I **had painted** the house.	The house **had been painted**.
	미래	will have p.p	will have been p.p
		I **will have painted** the house.	The house **will have been painted**.
진행	현재	am / is / are Ving	am / is / are being p.p
		I **am painting** the house. He **is painting** the house. They **are painting** the house.	The house **is being painted**. The houses **are being painted**.
	과거	was / were Ving	was / were being p.p
		I **was painting** the house. He **was painting** the house. They **were painting** the house.	The house **was being painted**. The houses **were being painted**.
조동사	현재	조동사 RV	조동사 be p.p
		I **should paint** the house.	The house **should be painted**.
	과거	조동사 have p.p	조동사 have been p.p
		I **should have painted** the house.	The house **should have been painted**.

2 동사의 5형식과 수동태

(1) 1형식과 2형식 : 자동사는 수동태가 불가능하다.

예 04 He was disappeared into the forest. (×)
그는 숲 속으로 사라졌다.

예 05 The full moon has been emerged. (×)
보름달이 드러났다.

예 06 She was remained sad. (×)
그녀는 슬픈 상태를 유지했다. (쭉 슬퍼했다.)

예 07 The sky is looked bright. (×)
하늘이 밝게 보인다.

(2) 3형식의 수동태

> 능동태 : **S + V + O** → 수동태 : **O + be p.p (by S)**

① 능동태 문장의 목적어를 주어 자리로 보내고
② 동사에 be p.p를 섞어 주고
③ 능동태 문장의 주어에 by를 붙여서 문장 끝으로 보내거나 생략한다.

예 08 Kate saves the baby.
Kate는 아이를 구조했다.

→ The baby is saved by Kate.
아이는 Kate에 의해 구조되었다.

예 09 The scientist has invented a lot of special things.
과학자들은 많은 특별한 것들을 발명했다.

→ A lot of special things have been invented by the scientist.
많은 특별한 것들이 과학자들에 의해 발명되었다.

예 10 He was writing a letter to his friend in Spain.
그는 스페인에 있는 친구에게 편지를 쓰고 있었다.

→ A letter was being written to his friend in Spain by him.
스페인에 있는 친구에게 그에 의해 편지가 쓰여지고 있었다.

예 11 I used to annoy my brother.
나는 내 동생을 놀리곤 했다.

→ My brother used to be annoyed by me.
내 동생은 나에 의해 놀림 당하곤 했다.

예 12 Rain prevented them from playing tennis.
비는 그들이 테니스 치는 것을 막았다.

→ They were prevented from playing tennis by rain.
그들은 비 때문에 테니스를 칠 수 없었다.

예 13 We provided the refugees with clothes and food.
우리는 피난민들에게 옷과 음식을 제공했다.

→ The refugees were provided with clothes and food by us.
피난민들은 우리에 의해 옷과 음식을 제공받았다.

(3) 4형식의 수동태

4형식은 목적어가 두 개이기 때문에, 원칙적으로 두 가지 수동태로 바꿀 수 있다.

$$S + V + I.O + D.O \rightarrow ① \ I.O + be \ p.p + D.O \ (by \ S)$$
$$② \ D.O + be \ p.p + I.O \ (by \ S)$$

예 14 I gave Ted a present.
나는 Ted에게 선물을 주었다.

→ Ted was given a present.
Ted에게 선물이 주어졌다.

→ A present was given Ted.
선물이 Ted에게 주어졌다.

(4) 5형식의 수동태 : O + be p.p + OC (by S)

$$S + V + O + OC \rightarrow O + be \ p.p + OC \ (by \ S)$$

예 15 I found the story very interesting.
나는 그 이야기가 매우 재미있다고 생각했다.

→ The story was found very interesting (by me).
그 이야기는 재미있다고 생각되었다.

예 16 We have called it a diplomatic triumph.
우리는 그것을 외교적 승리라고 불러왔다.

→ I has been called a diplomatic triumph (by us).
그것은 외교적 승리라고 불리워졌다.

예 17 He expected me to work on Saturdays.
그는 내가 토요일에 일하기를 기대했다.

→ I was expected to work on Saturdays (by him).
나는 토요일에 일할 것이라는 기대를 받는다.

예 18 She didn't allow me to take pictures.
그녀는 내가 사진 찍도록 허락하지 않았다.

→ I wasn't allowed to take pictures (by her).
나는 사진 찍는 것을 허락받지 못했다.

예 19 The police required drivers to show their licenses.
경찰은 운전자들이 면허증을 제시하도록 요구한다.

→ Drivers were required to show their licenses (by the police).
운전자들은 면허증을 제시하라는 요구를 받았다.

⑸ **사역동사의 수동태**

① 사역동사 make, have, let 중 수동태 전환이 가능한 것은 make이다.

② 사역 make가 수동태로 변하면, 목적격 보어 자리의 동사원형은 부정사로 변한다.

③ 사역 make가 수동태로 변해도, 목적격 보어 자리의 과거분사는 그대로 유지된다.

예20 He made me <u>do</u> the dishes.
그는 내가 설거지를 하도록 시켰다.

→ I was made <u>to do</u> the dishes.
나는 설거지를 하게 되었다.

예21 He made the car <u>repaired</u>.
그는 차가 수리되도록 만들었다.

→ The car was made <u>repaired</u>.
그의 차는 수리되게 되었다.

예22 She made me <u>stop</u> smoking.
그는 내가 담배를 끊게 만들었다.

→ I was made <u>stop</u> smoking. (×)

→ I was made <u>to stop</u> smoking.
나는 담배를 끊게 되었다.

⑹ **지각동사의 수동태**

① 5형식 지각동사는 수동태로 전환할 수 있다.

② 지각동사가 수동태로 변하면, 목적격 보어 자리의 동사원형은 부정사로 변한다.

③ 지각동사가 수동태로 변해도, 목적격 보어 자리의 현재/과거분사는 그대로 유지된다.

예 23 I saw him enter(= entering) the building.
나는 그가 건물에 들어가는 것을 목격했다.

→ He was seen to enter(= entering) the building.
그가 건물에 들어가는 것이 목격되었다.

예 24 I heard her sing(= singing) a song.
나는 그녀가 노래하는 소리를 들었다.

→ She was heard to sing(= singing) a song.
그녀가 노래를 부르는 소리가 들렸다.

예 25 We heard him scream(= screaming).
우리는 그가 소리 지르는 것을 들었다.

→ He was heard to scream(= screaming).
그가 소리 지르는 소리가 들렸다.

예 26 I heard the bird caught.
나는 새가 붙잡히는 소리를 들었다.

→ The bird was heard caught.
그 새가 붙잡히는 소리가 들렸다.

예 27 I saw Jason come out of the room.
나는 Jason이 방에서 나오는 것을 목격했다.

→ Jason was seen to come out of the room.
Jason은 방에서 나오는 것이 목격되었다.

3 수동태로 쓰일 수 없는 타동사

타동사는 원칙적으로는 수동태 전환이 가능하다. 그러나 예외적으로 불가능한 경우도 있다.

⑴ 타동사가 쓰인 문장으로 수동태를 만들었다고 하더라도, 의미가 어색할 경우 수동태로 전환할 수 없다.

> ① 소유 : have, possess, own
> ② 상태 : resemble, lack, cost

예28 A house was had by me. (×)

예29 You are resembled by your son. (×)

⑵ **사역동사** have, let

예30 He was made to clean the room. (○)
그는 방을 청소하게 되었다.

예31 He was had to clean the room. (×)

예32 He was let to clean the room. (×)

⑶ 'sell well (잘 팔리다)'에서 sell은 수동태로 쓰지 않는다.

예33 This car sells well.
이 차는 잘 팔린다.

4 by 이외의 전치사가 쓰이는 수동태 표현

전치사 at	
① be disappointed at (실망하다)	③ be shocked at (놀라다)
② be surprised at (놀라다)	④ be amazed at (놀라다)

전치사 with	
① be satisfied with (만족하다)	④ be covered with (~로 덮이다)
② be contented with (만족하다)	⑤ be filled with (~로 채워지다)
③ be fed up with (질리다)	⑥ be pleased with (~에 기뻐하다)

전치사 to	
① be opposed to (~에 반대하다)	④ be devoted to (~에 헌신하다)
② be related to (~에 연관되다)	⑤ be attributed to (~때문/덕분이다)
③ be exposed to (~에 노출되다)	⑥ be married to (~와 결혼하다)

전치사 in	
① be interested in (~에 관심 있다)	② be engaged in (~에 종사하다)

전치사 of	
① be convinced of (~를 확신하다)	④ be composed of (~로 구성되다)
② be tired of (~에 지치다, 질리다)	⑤ be made of/from (~로 만들어지다)
③ be deprived of (~를 빼앗기다)	⑥ be ashamed of (창피해하다)

전치사 from	
① be derived from (~에서 유래되다)	

동사 know	
① be known as (~로 알려지다)	③ be known by (~로 판단되다)
② be known for (~로 유명하다)	④ be known to (~에게 알려지다)

예34 The mountain top were covered by snow. (×: by → with)
산꼭대기가 눈으로 덮여있었다.

예35 Wine is made by grapes. (×: by → from)
와인은 포도로 만들어진다.

예36 The singer is known as a good daughter.
그 가수는 효녀로 유명하다.

예37 The college is known for its engineering program.
그 대학교는 공학과정으로 유명하다.

예38 His music is known to everyone.
그의 음악은 모두에게 알려져 있다.

예39 A man is known by the company he keeps.
사람은 친구로 판단된다. (친구를 보면 그 사람을 알 수 있다.)

5 동사구의 수동태

- 동사구(숙어)는 한 단어처럼 취급하고, 해석을 기준으로 하여 자/타동사 여부를 새로 판단해야 한다.
- 만약 타동사인 숙어라면, 수동태로 전환할 수 있다.
- 수동태로 전환한다고 하여 세트로 쓰이는 전치사나 부사를 뺄 수 없다.

(1) look

① look (~하게 보이다)	→ (불가)
② look for (찾다)	→ be looked for
③ look into (조사하다)	→ be looked into
④ look after (돌보다)	→ be looked after
⑤ look up to (존경하다)	→ be looked up to
⑥ look down on (무시하다)	→ be looked down on
⑦ look upon A as B (A를 B라고 여기다)	→ be looked upon as

(2) bring

① bring (가지고 오다)	→ be brought
② bring up (키우다)	→ be brought up
③ bring about (결과를 낳다)	→ (불가)

(3) break

① break (깨다)	→ be broken
② break out (사건이 발생하다)	→ (불가)
③ break into (침입하다)	→ be broken into

(4) give

① give (주다)	→ be given
② give in (항복하다)	→ (불가)
③ give out (나누어주다, 유출시키다)	→ be given out
④ give off (발산하다, 내뿜다)	→ be given off
⑤ give up (포기하다)	→ be given up

(5) run

① run (달리다; 운영하다)	→ be run
② run into (마주치다)	→ be run into
③ run over (차로 치다)	→ be run over

(6) laugh

① laugh (웃다)	→ (불가)
② laugh at (비웃다)	→ be laughed at

(7) go

① go (가다)	→ (불가)
② go on (계속되다)	→ (불가)
③ go through (거치다, 겪다)	→ be gone through

(8) 기타 동사

① result in (결과를 낳다)	→ (불가)
② result from (원인 때문이다)	→ (불가)
③ consist of (~로 구성되다)	→ (불가)
④ deal with (처리하다)	→ be dealt with
⑤ cope with (처리하다)	→ be coped with
⑥ call off (취소하다)	→ be called off
⑦ put off (연기하다)	→ be put off
⑧ carry out (실시하다)	→ be carried out
⑨ long for (열망하다)	→ be longed for
⑩ turn on (켜다)	→ be turned on
⑪ turn off (끄다)	→ be turned off
⑫ take care of (돌보다)	→ be taken care of
⑬ make use of (이용하다, 활용하다)	→ be made used of
⑭ make fun of (놀리다)	→ be made fun of
⑮ find fault with (비난하다)	→ be found fault with
⑯ speak ill of (욕하다)	→ be spoken ill of
⑰ do away with (없애다)	→ be done away with
⑱ get rid of (없애다)	→ (불가)
⑲ dispose of (없애다)	→ be disposed of
⑳ speak well of (칭찬하다)	→ be spoken well of
㉑ take advantage of (이용하다)	→ be taken advantage of
㉒ refer to A as B (A를 B라고 칭하다)	→ be referred to as

6 수동태의 응용

(1) rob vs. steal

- rob A of B : A에게서 B를 빼앗다
- steal A from B : B로부터 A를 훔치다

① rob은 사람을 목적어로 취하므로, be robbed의 주어는 사람만 가능하다.
② steal은 사물을 목적어로 취하므로, be stolen의 주어는 사물만 가능하다.

예 40 He robbed me of money.
그는 나에게서 돈을 빼앗았다.

→ I was robbed of money.
나는 돈을 빼앗겼다.

예 41 He stole money from me.
그는 나에게서 돈을 훔쳤다.

→ Money was stolen from me.
나의 돈이 도난되었다.

(2) 알림류 동사의 수동태

1	inform			(사람)에게 ~을 알려주다
2	remind	+사람	+of 명사 +that S+V	(사람)에게 ~을 상기시키다
3	convince, assure			(사람)에게 ~을 설득하다

예 42 I informed him of the danger.
나는 그에게 위험을 알려주었다.

→ He was informed of the danger.
그는 위험을 알고 있었다.

예 43 She reminded me that checkout time was noon.
그녀는 내게 체크아웃이 정오라는 것을 상기시켰다.

→ I was reminded that checkout time was noon.
나는 체크아웃이 정오라는 것이 생각났다.

예 44 He convinces me that Kate is innocent.
그는 내게 Kate가 무죄라는 것을 설득했다.

→ I am convinced that Kate is innocent.
나는 Kate가 무죄라는 것을 확신했다.

(3) 능동태와 수동태의 의미차이가 없는 타동사

① marry N　＝ be married to N : N와 결혼하다
② face N　　＝ be faced with N : N와 마주치다, N에 직면하다
③ oppose N ＝ be opposed to N : N에 반대하다

예 45 He married Jane.

＝ He was married to Jane.
그는 Jane과 결혼했다

예 46 We face a difficult choice.

＝ We are faced with a difficult choice.
우리는 어려운 선택을 마주했다.

예 47 I oppose the plan.

＝ I am opposed to the plan.
나는 그 계획에 반대한다.

(4) 해석에 주의해야 할 능동태와 수동태

① involve N : N를 포함/수반하다, 관련이 있다
　 be involved in N : N에 연루되다
② commit N : N를 저지르다
　 be committed to N : N에 헌신/집중하다
③ determine N : N를 판결/판단/결정하다
　 be determined to V : V하겠다고 결심하다

예 48 Any investment involves risk.
모든 투자는 위험을 수반한다.

예 49 She was involved in the case.
그녀는 그 사건에 연루되었다.

예 50 He committed suicide.
그는 자살했다.

예 51 He is committed to his family.
그는 가족에게 헌신한다.

예 52 We determined the cause of the fire.
우리는 화재의 원인을 밝혀냈다.

예 53 We are determined to get rid of stress.
우리는 스트레스를 없애기로 결심했다.

EXERCISE ❶

주어진 동사를 활용하여 빈칸에 적절한 형태를 적으세요. (01~10)

01 그 절은 3년 동안 지어졌다. (build)

→ The temple _________________________ for three years.

02 그녀는 3일째 실종상태이다. (remain missing)

→ She _________________________ since three days ago.

03 나는 어제 프로젝트를 끝냈다. (complete)

→ I _________________________ the project yesterday.

04 나는 일주일 동안 프로젝트에 매달리고 있다. (work on)

→ I _________________________ the project for a week.

05 그 프로젝트는 지난주에 완성되었다. (complete)

→ The project _________________________ last week.

06 그 프로젝트는 지난 몇 년 간에 걸쳐 완성되었다. (complete)

→ The project _________________________ over the last few years.

07 경찰이 그 당시에 사건을 면밀히 조사했다. (look into)

→ The police _________________________ the case back then.

08 경찰이 두 달 동안 그 사건을 면밀히 조사했다. (look into)

→ The police _________________________ the case for two months.

09 그 사건은 지난달에 조사되었다. (look into)

→ The case _________________________ last month.

10 그 사건은 두 달 동안 조사되었다. (look into)

→ The case _________________________ for two months.

ANSWER

01 정답 was been built

02 정답 has remained missing

03 정답 completed

04 정답 have worked on

05 정답 was completed

06 정답 has been completed

07 정답 looked into

08 정답 have looked into

09 정답 was looked into

10 정답 has been looked into

EXERCISE ❷

빈칸에서 적절한 형태를 모두 골라 동그라미 치세요. (01~09)

01 I __________ him.

> know, knew, known, have known, am known, have been known,
> have been knowing

02 I __________ him three years ago.

> know, knew, known, have known, am known, have been known

03 I __________ him for three years.

> know, knew, known, have known, am known, have been known

04 He must __________ the answer.

> know, have known, be known, have been known, have been knowing

05 He must __________ the answer then.

> know, have known, be known, have been known, had been knowing

06 She __________ my parents last Friday.

> meets, met, has met, is met, has to meet, had to meet

07 She __________ my parents since last Friday.

> meets, met, has met, is met

08 She should __________ my parents last Friday.

> meet, be met, have met, have been met

09 He __________ the medicine last night, but he didn't.

> took, has taken, should take, should have taken, must take, must have taken

ANSWER

01 **정답** know, knew, have known

02 **정답** knew

03 **정답** have known

04 **정답** know, have known

05 **정답** have known

06 **정답** met, had to meet

07 **정답** has met

08 **정답** have met

09 **정답** should have taken

EXERCISE ❸

다음 문장의 옳고 그름을 판단하고 옳지 않은 것을 옳게 고치시오. (01~30)

01 I have been waited for you since 6.

02 I was made finish the work.

03 The timber sold on the market.

✓ *timber 목재*

04 The king was brought his army to England.

05 You cannot have your ears pierced.

✓ *pierce 꿰뚫다*

06 Some strict rules have offered as guidelines to students since 1990.

07 He is catching fish with his spear.

✓ *spear 창*

08 He must withdraw some money yesterday.

✓ *withdraw 빼내다, 철수시키다*

09 When he was a child, his family has immigrated to the United States.

✓ *immigrate 이주하다*

10 The technology has been threatened the dignity of human.

✓ *threaten 위협하다* ✓ *dignity 존엄성*

ANSWER

01 정답 have been waited → have waited
해설 자동사인 wait는 수동형으로 쓸 수 없다.
해석 나는 6시부터 너를 기다려 왔어.

02 정답 finish → to finish
해설 사역동사 make가 수동형으로 쓰일 경우 목적격 보어이던 동사원형은 부정사로 바뀌어야 한다.
해석 나는 일을 마무리 하게 되었다.

03 정답 sold → is/was sold
해설 타동사 sell의 목적어가 없으므로 수동태가 적절하다.
해석 목재가 시장에서 팔린다.

04 정답 was 삭제
해설 타동사 bring의 목적어가 있으므로 능동태가 적절하다.
해석 왕은 자기의 군대를 영국으로 데려갔다.

05 정답 ○
해설 사역동사 have이다. 목적어인 ears와 목적격 보어인 pierce가 수동의 관계이므로 과거분사 p.p 형태가 적절하다.
해석 너는 귀를 뚫으면 안 된다.

06 정답 have offered → have been offered
해설 타동사 offer의 목적어가 없다. 문장에 since 1990이라는 표현이 있으므로 완료시제와 수동태가 섞인 have been p.p 형태가 적절하다.
해석 몇몇의 엄격한 규칙이 1990년 이래로 학생들에게 가이드라인으로 제시되었다.

07 정답 ○
해석 그는 창으로 물고기를 잡고 있다.

08 정답 must withdraw → had to withdraw
해설 과거의 의무를 나타내는 조동사는 had to이다.
해석 그는 어제 돈을 인출해야만 했다.

09 정답 has immigrated → immigrated
해설 when S + 과거동사가 쓰인 문장의 주절 동사는 단순 과거가 옳다.
해석 그가 어렸을 때, 가족은 미국으로 이주했다.

10 정답 has been threatened → has threatened
해설 타동사 threaten의 목적어가 존재하므로 능동태가 필요하다.
해석 기술은 인간의 존엄성을 위협해왔다.

11 The leaves are stayed green.

12 He is wearing a peculiar tie.

✓ *peculiar 독특한, 이상한*

13 He expected engineers to prevent the accident from happening.

14 Wisdom comes from meditation.

✓ *meditation 명상*

15 Keep your friends close.

16 You should be praised him for his success 20 years ago.

17 We face with problems or disagreements everyday.

✓ *disagreement 다툼, 불화, 불일치*

18 They want to express love and gratitude.

✓ *gratitude 감사함*

19 The patient has to undergo more surgery.

✓ *undergo 겪다*

20 I am supposed to get him to the station.

ANSWER

11 **정답** are stayed → stay 또는 stayed
해설 자동사인 stay는 수동형으로 쓸 수 없다.
해석 나뭇잎은 초록색을 유지한다.

12 **정답** ○
해석 그는 독특한 타이를 매고 있다.

13 **정답** ○
해설 • expect A to V (A가 V하기를 기대하다)
• prevent A from Ving (A가 ~ing하는 것을 예방하다)
해석 그는 기술자들이 사고가 발생하는 것을 예방해줄 것이라고 기대했다.

14 **정답** ○
해석 지혜는 명상으로부터 나온다.

15 **정답** ○
해설 5형식 keep의 쓰임이다.
해석 네 친구들을 가까이에 두어라.

16 **정답** be praised → have praised
해설 20년 전에 칭찬했었어야 했다고 후회하는 문장이므로 should have p.p 형태가 적절하다.
타동사 praise의 목적어가 존재하므로 수동태는 불필요하다.
해석 너는 20년 전에 그의 성공을 칭찬했었어야 했는데...

17 **정답** face with → face 또는 are faced with
해설 face + 명사 = be faced with + 명사 (~를 마주치다)
해석 우리는 매일 문제와 다툼을 마주한다.

18 **정답** ○
해석 그들은 사랑과 감사를 표현하고자 한다.

19 **정답** ○
해석 그 환자는 더 많은 수술을 거쳐야만 한다.

20 **정답** ○
해설 • be supposed to RV : ~하기로 되어 있다
• get A to B : A를 B에 데려다주다
해석 나는 그를 역에 데려다 주기로 되어 있다.

21 I demanded that the door close.

22 All items delivered to her.

23 I have been knowing him for 10 years.

24 A fence has built around the park a week ago.

✓ *fence 울타리*

25 She is known as her fabulous songs.

✓ *fabulous 멋진*

26 He was resembled with his father.

27 Sam was punished his son for the fault.

28 She was made to meet the foreign agent.

29 She made him to meet the foreign agent.

30 He was seen to fix the old car.

ANSWER

21 정답 close → be closed
해설 요구동사 demand의 that절에는 should를 생략한 동사원형이 옳다. 그러나 door과 close의
관계는 수동이므로 be closed가 적절하다.
해석 나는 문이 닫혀져야 한다고 요구했다.

22 정답 delivered → are/were delivered
해설 타동사 deliver의 목적어가 없으므로 수동태가 필요하다.
해석 모든 아이템이 그녀에게 전달되었다.

23 정답 have been knowing → have known
해설 know는 진행 시제로 쓸 수 없는 동사이다.
해석 나는 10년간 그를 알아왔다.

24 정답 has built → was built
해설 타동사 build의 목적어가 없으므로 수동태가 필요하고, a week ago라는 표현으로 보아
단순 과거 시제가 필요하다.
해석 일주일 전에 공원 근처에 울타리가 쳐졌다.

25 정답 as → for
해석 그녀는 멋진 노래들로 유명하다.

26 정답 was resembled with → resembled
해설 resemble은 수동태로 쓸 수 없는 타동사이다.
해석 그는 아버지를 닮았다.

27 정답 was punished → punished
해설 타동사 punish의 목적어가 있으므로 능동태가 필요하다.
해석 Sam은 아들을 잘못에 대해 처벌했다.

28 정답 ○
해석 그녀는 외국인 에이전트를 만나게 되었다.

29 정답 to meet → meet
해설 사역동사 make가 능동인 상황이므로 목적격 보어 자리에는 동사원형 또는 과거분사를
쓴다.
해석 그녀는 그가 외국인 에이전트를 만나게 만들었다.

30 정답 ○
해석 그가 낡은 차를 고치고 있는 것이 목격되었다.

06 CHAPTER 가정법

1 가정법 기본 공식

구분	내용	공식 명칭	IF절 (조건절)	주절
1	현재사실의 반대	가정법 과거	**If S 과거동사,**	**S would RV**
			(지금) ~한다면	(지금) ~할텐데
2	과거사실의 반대	가정법 과거완료	**If S had p.p,**	**S would have p.p**
			(과거에) ~했다면	(과거에) ~했을텐데
3		혼합 가정법	**If S had p.p,**	**S would RV**
			(과거에) ~했다면	(지금) ~할텐데
4	가능한 미래	**should 가정법**	**If S should RV,**	**S will RV** **S would RV** 명령문
			(미래에 만약) ~한다면	~할 것이다/~해라
5	불가능한 미래	**were to 가정법**	**If S were to V,**	**S would RV**
			(미래에 만약) ~한다면	~할 것이다

✓ *would는 should, could, might도 가능 (조동사의 과거형)*
✓ *will은 will, can, may, shall, must도 가능 (조동사의 현재형)*

(I) 가정법 과거

> **If S 과거동사 ~, S would RV ~.**

① 가정법 과거는 현재 사실에 반대되는 상황을 가정할 때 사용한다.
② if절에서 동사의 과거형이 쓰이기 때문에 가정법 과거라고 부를 뿐, 설명하는 시점은 현재임에 주의한다.
③ 가정법 과거의 if절에 be동사가 쓰인다면, 무조건 were만 가능하고 was는 오답이다.

예 01 If I were you, I wouldn't buy the jacket.
내가 너라면, 나는 그 자켓을 사지 않을 텐데.

예 02 I could find the man if you knew his name.
네가 그의 이름을 알면 내가 그 사람을 찾을 수 있을 텐데.

예 03 Sarah would be offended if I didn't go to her party today.
내가 오늘 그녀의 파티에 가지 않는다면 Sarah는 기분이 상할 텐데.

예 04 If I could speak English, I would help the guy find the way.
만약 내가 영어를 할 줄 안다면, 그가 길 찾는 것을 도와줄 텐데.

⑵ 가정법 과거완료

If S had p.p ~, S would have p.p. ~

① 가정법 과거완료는 과거 사실에 반대되는 상황을 가정할 때 사용한다.
② if절에서 동사의 과거 완료형(had p.p)이 쓰이기 때문에 가정법 과거라고 부를 뿐, 설명하는 시점은 과거임에 주의한다.

예 05 If I had known about the meeting, I might have gone there.
만약 내가 그 회의에 대해 알았다면, 아마 거기에 갔을 텐데.

예 06 I could have bought you the car if I had had a lot of money then.
당시에 내게 돈이 많았더라면, 네게 그 차를 사 줄 수 있었을 텐데.

예 07 If she had followed my order, she might not have been punished.
만약 그녀가 내 명령을 따랐더라면, 처벌받지 않았을 텐데.

예 08 If Hitler hadn't invaded other countries, the second World War would not have taken place in 1939.
만약 히틀러가 다른 나라들을 침략하지 않았었더라면, 1939년에 제 2차 세계대전이 발발하지 않았을 텐데.

⑶ 혼합 가정법

If S had p.p ~, S would RV ~ now.

① 과거에 대한 가정이 현재에 영향을 미치는 경우를 표현할 때 사용한다.
② 혼합 가정법의 if절에는 had p.p가 쓰이면서 주절에는 now, today 등 현재표현이 쓰여 if절과 주절의 시제가 다름을 표시하게 된다.

예 09 If Dexter hadn't died in the war, he would be forty now.
만약 Dexter가 전쟁에서 죽지 않았더라면, 그는 지금쯤 40살일 텐데.

예 10 She would be better today if she had taken the medicine.
만약 그녀가 약을 먹었었더라면, 그녀는 오늘 훨씬 나을 텐데.

예 11 If I had been born in America, I could speak English fluently now.
만약 내가 미국에서 태어났었더라면, 지금 영어를 유창하게 할 수 있었을 텐데.

⑷ **미래 가정법**

① should 가정법

> **If S should p.p ~, S will / would RV ~.**
> **If S should p.p ~, 명령문**

- 가능성이 높지는 않지만, 발생 가능한 미래를 가정하는 문장에서 쓴다.
- 주절에 조동사를 이용한 문장뿐만 아니라 명령문을 쓸 수 있다.

예 12 If you should find the key, please let me know.
　　　　만약 열쇠를 찾으면, 꼭 내게 알려줘.

예 13 If I should be free tomorrow, I will come to you.
　　　　만약 내일 시간이 나면, 네게 갈게.

예 14 I would stay away from you if you should fail to keep your word.
　　　　만약 네가 약속을 지키지 않으면, 널 멀리 할 거야.

예 15 The trip might be cancelled if it should rain tomorrow.
　　　　만약 내일 비가 온다면, 그 여행은 취소될 수도 있다.

② were to 가정법

> **If S were to V ~, S would RV ~.**

발생 불가능한 미래를 가정하는 문장에서 쓴다.

예 16 If I were to be born again, I would be your friend again.
　　　　내가 다시 태어난다면, 난 다시 네 친구가 될 거야.

예 17 If the sun were to rise in the west, I would give you up.
　　　　해가 서쪽에서 뜬다면, 나는 너를 포기할 거야.

2 가정법 IF 생략 도치 구문

가정법 문장에 쓰인 접속사 if는 생략 가능한데, 이 경우 if절의 주어와 동사는 도치된다.

예 18 If I were a bird, I would fly to you.

→ Were I a bird, I would fly to you.
내가 만약 새라면, 네게 날아갈 텐데.

예 19 If they had followed my order, they would not have been punished.

→ Had they followed my order, they would not have been punished.
만약 그들이 내 명령을 따랐다면, 그들은 처벌받지 않았을 텐데.

예 20 If it had not rained last night, the road might not be so muddy now.

→ Had it not rained last night, the road might not be so muddy now.
어젯밤에 비가 내리지 않았더라면, 지금 길이 이렇게 질퍽하지 않을 텐데.

예 21 If he should be diagnosed with cancer, I will not leave him alone.

→ Should he be diagnosed with cancer, I will not leave him alone.
만약 그가 암 진단을 받더라도, 나는 그를 홀로 내버려두지 않을 것이다.

예 22 Were I to be young again, I would travel a lot.
내가 다시 어려진다면, 나는 여행을 많이 다닐 것이다.

예 23 Had the accident not occurred, you wouldn't have taken the warning seriously.
만약 그 사고가 발생하지 않았으면, 넌 그 경고를 심각하게 받아들이지 않았을 것이다.

예 24 Should you have further questions, feel free to contact me.
추가적인 질문이 있다면, 자유롭게 내게 연락하세요.

3 | I WISH 가정법

1	현재에 대한 소망	I wish (that) S + 과거동사
		(지금) S가 V한다면 좋을 텐데
2	과거에 대한 소망	I wish (that) S + **had p.p**
		(과거에) S가 V했더라면 좋았을 텐데

예25 I wish that I was a singer now. (×)

    → I wish that I __________ a singer now.
      내가 지금 가수라면 좋을 텐데.

예26 I wish he knew my name.
    그가 내 이름을 안다면 좋을 텐데.

예27 I wish you stayed with me.
    네가 나와 함께 있다면 좋을 텐데.

예28 I wish I can speak Spanish. (×)

    → I wish I __________ speak Spanish.
      내가 스페인어를 할 줄 안다면 좋을 텐데. (could)

예29 I wish that I had been a singer when young.
    내가 어렸을 때 가수였었다면 좋을 텐데.

예30 I wish we purchased the apartment three years ago. (×)

    → I wish we ______________ the apartment three years ago.
      3년 전에 그 아파트를 샀더라면 좋았을 텐데. (had purchased)

예31 I wish they have gotten along with each other. (×)

    → I wish they ______________ along with each other.
      그들이 서로 친하게 지낸다면 좋을 텐데. (got 또는 had gotten)

4 as if (＝as though) 가정법

⑴ as if **주어＋과거동사** : 마치 ~인 것처럼 (현재 또는 기준 시점의 반대)

예 32 He talks as if he were rich.
그는 마치 부자인 것처럼 말을 한다.

예 33 Serena speaks English fluently as if she were an American.
Serena는 자기가 미국인인 것처럼 영어를 유창하게 구사한다.

⑵ as if **주어＋had p.p** : 마치 ~였던 것처럼
(과거 또는 기준 시점보다 이전 일의 반대)

예 34 He acted as if he had been rich.
그는 마치 그가 부자였던 것처럼 행동했다.

예 35 She talks as if she had seen the accident.
그녀는 마치 그녀가 사건을 목격했던 것처럼 말한다.

5 (명사)가 없다면.../없었다면... 관용표현

(가정법 과거 파생)		(가정법 과거완료 파생)	
지금 (명사)가 없다면	~ 할 텐데	과거에 (명사)가 없었다면	~ 했을 텐데
① If it were not for N,		① If it had not been for N,	
② Were it not for N,	S would RV	② Had it not been for N,	S would have p.p
③ But for N,		③ But for N,	
④ Without N,		④ Without N,	

예 36 If it were not for your help, I would not calm down the dog.

= Were it not for your help,

= But for(= Without) your help,
네 도움이 없다면, 나는 강아지를 진정시키지 못했을 텐데.

예 37 If it were not for the sun, nothing could live on the earth.

= Were it not for the sun,

= But for(= Without) the sun,
태양이 없다면, 어떤 것도 지구에서 살 수 없을 텐데.

예 38 If it had not been for her love, you might not have recovered.

= Had it not been for her love,

= But for(= Without) her love,
그녀의 사랑이 없었다면, 너는 건강을 회복할 수 없었을 텐데.

예 39 If it had not been for the Korean War, so many people would not have been killed.

= Had it not been for the Korean War,

= But for(= Without) the Korean War,
6.25가 없었다면, 그렇게 많은 사람들이 죽지 않았을 텐데.

6 기타 IF 관련 문법 포인트 정리

1. If vs. Whether

(1) 종속 접속사 if

If s+v ~, S+V ~	~한다면, ~할 텐데.

예40 If she is available, please put me through.
만약 그녀가 가능하다면, 전화를 연결해 주세요.

예41 If he comes, we will start our journey.
그가 온다면, 여행을 시작할 거야.

예42 If he came on time, the meeting would not be delayed.
만약 그가 제때 왔다면, 회의가 연기되지 않았을 텐데.

(2) **명사 취급** if : 타동사의 목적어 자리에만 쓰일 수 있다.

[if s+v]	~인지 아닌지, ~인지의 여부

예43 I wonder if I should wear a coat or not.
코트를 입어야 할지 아닐지 궁금해.

예44 Please ask him if he will have dinner together.
그가 저녁을 같이 먹을지 아닐지를 물어보아라.

예45 He wanted to see if his advice worked.
그는 자기의 조언이 효과가 있었는지의 여부를 확인하고 싶었다.

(3) 종속 접속사 whether

Whether s+v ~, S+V ~	~이든 아니든,

예46 Whether you agree or not, I will buy the car.
네가 동의를 하든 말든, 나는 그 차를 살거야.

(4) **명사 취급** whether : 주어, 타동사의 목적어, 전치사의 목적어, 보어 자리에 모두 쓰일 수 있다.

[whether s+v]	~인지 아닌지, ~인지의 여부

예47 Whether he will succeed remains to be seen.
그가 성공할지 아닐지는 두고 봐야 할 것이다.

예48 Whether it is a good way to solve the problem is questionable.
그것이 문제를 해결하는 좋은 방법인지 의심스럽다.

예49 I'm not sure whether I should tell you the truth.
네게 사실을 이야기해야 하는지의 여부를 확신할 수 없다.

예50 I don't know whether he agreed on everything.
그가 모든 것에 합의를 했는지의 여부를 알 수 없다.

예51 We couldn't tell whether he was friend or foe at that time.
우리는 당시에 그가 아군인지 적인지 알 수 없었다.

예52 I have doubts about whether what she said is true.
나는 그녀의 말이 사실인지 아닌지에 대한 의심을 가지고 있다.

예53 The question is whether he is ready or not.
문제는 그가 준비가 되었는지의 여부이다.

2. 다양한 if 관련 표현들

(1) **as if** : 마치 ~인 것처럼 (= as though)

> **예 54** He looked as if he saw a ghost.
> 그는 마치 귀신이라도 본 것처럼 보였다.

(2) **even if** : ~하더라도, ~임에도 불구하고 (= even though)

> **예 55** Even if you wear sunscreen, you can still get a tan.
> 자외선 차단제를 바르더라도, 여전히 살이 탈 수 있다.

(3) **only if** : ~해야만, ~하는 경우에만 (= only when)

> **예 56** The coupon is given only if you purchase something here.
> 네가 여기에서 물건을 산 경우에만, 쿠폰이 주어진다.

(4) **if only** : ~하면 좋을 텐데. (= I wish)

> **예 57** If only I had known you earlier.
> 내가 널 일찍 알았더라면 좋았을 텐데.

(5) **what if ~ ?**

① **가정** : ~하면 어떻게 하지?

② **제안** : ~하면 어떨까?

> **예 58** What if the parachute doesn't open? (가정)
> 낙하산이 펼쳐지지 않으면 어떻게 하죠?

> **예 59** What if we move the picture over here? (제안)
> 그 그림을 여기로 옮기면 어떨까?

MEMO

EXERCISE

다음 문장의 옳고 그름을 판단하고, 틀린 부분을 옳게 고치시오. (01~43)

01 If I am a bird now, I would fly to you.

02 I would tell it to you, if I had known the fact.

03 If I know the fact, I will tell it to you.

04 If it had not rained yesterday, I would have been visited the book store.

05 If I left ten minutes earlier, I would not have missed the train.

06 Had I had enough money, I could have helped poor.

07 I might have been good at English now, if I had studied hard in school days.

08 If it were to rain tomorrow, the party would not hold.

09 Should he comes again, please tell him to wait for me.

10 Were the sun to be extinguished, all living things would die.

11 I wish she attended the meeting last week.

ANSWER

01　**정답** am → were
　해설 현재 사실에 반대되는 가정법 과거는 시제를 과거형(were)로 써야 함.
　해석 내가 지금 새라면 너에게 날아갈 텐데.

02　**정답** tell → have told
　해설 과거 사실의 반대를 가정하는 가정법 과거 완료 문장이다.
　해석 내가 그 사실을 알았더라면 너에게 말했을 거야.

03　**정답** ○
　해설 시조부현미 문장
　해석 내가 그 사실을 알게 된다면 너에게 말할게.

04　**정답** would have been visited → would have visited
　해설 가정법 과거 완료 문장의 형태는 옳으나, 타동사 visit의 목적어가 있으므로 능동태가 필요하다.
　해석 어제 비가 오지 않았다면 서점에 갔을 텐데.

05　**정답** left → had left
　해설 과거 사실의 반대를 가정하는 가정법 과거 완료 문장이다.
　해석 내가 10분만 더 일찍 떠났더라면 기차를 놓치지 않았을 텐데.

06　**정답** poor → the poor
　해설 가정법 과거 완료 문장에서 if를 생략시키며 주어-동사를 도치시킨 문장이다. 가난한 사람들은 'the poor'로 표현해야 한다.
　해석 만약 내게 충분한 돈이 있었더라면 가난한 사람들을 도울 수 있었을 텐데.

07　**정답** might have been → might be
　해설 혼합 가정법 문장
　해석 학창 시절에 열심히 공부했더라면 지금 영어를 잘했을 텐데.

08　**정답** were to → should, would not hold → would not be held
　해설 • 가능성이 있는 미래는 should 가정법이 적절하다.
　　　 • the party와 hold(개최하다)는 수동의 관계이므로 be held가 와야 한다.
　해석 (그럴 리 없겠지만 만약) 내일 비가 온다면 그 파티는 열리지 않을 것이다.

09　**정답** comes → come
　해설 should 가정법의 if 생략 도치 문형이므로, comes는 동사원형이어야 한다.
　해석 그가 다시 오면, 그에게 나를 기다리라고 전해주세요.

10　**정답** ○
　해설 가능성이 희박한 미래를 가정하고 있으므로 were to 가정법은 적절하다.
　해석 태양이 꺼진다면, 모든 생명체는 죽을 것이다.

11　**정답** attended → had attended
　해설 I wish 이하에 과거에 대한 소망을 언급하고 있으므로 had p.p가 필요하다.
　해석 그녀가 지난주 회의에 참석했더라면 좋았을 텐데.

12 I wish it were winter now. I can't stand the heat anymore.

13 If it were not for air, all human died.

14 I wouldn't have made it had it not been for the taxi.

15 Was I you, I would help the guy.

16 But for the Korean War, so many people wouldn't die.

17 If the book had written in easy English, I would have bought it.

18 Had I have enough time, I could have solved the problem.

19 If it had been rained, you would have gotten wet.

20 You would have passed your exam were it not been for the stomachache.

21 If you resolved to be diligent in your studies, you would be succeeded in college.

22 The children would have eaten all the vegetables if they tasted better.

ANSWER

12 **정답** ○
해설 I wish 이하에 현재에 대한 소망을 언급하고 있으므로 과거시제가 필요하다.
해석 지금 겨울이었으면 좋겠어. 더위는 이제 못 참겠어.

13 **정답** died → would die
해설 가정법 과거의 주절엔 would(조동사의 과거형) + 동사원형이 필요하다.
해석 공기가 없다면 모든 인간은 죽을 것이다.

14 **정답** ○
해설 if it had not been for(과거에 ~가 없었더라면)에서 if가 생략되면서 주어-동사가 도치된 문형이다.
해석 그 택시가 없었더라면, 나는 제 시간에 도착하지 못했을 거야.

15 **정답** Was I → Were I
해설 가정법 도치에서 be동사는 were를 사용한다.
해석 내가 너라면 그 남자를 도왔을 거야.

16 **정답** wouldn't die → wouldn't have died
해설 한국전쟁은 과거 사건이므로 과거사실의 반대를 가정하는 가정법 과거 완료 문장이 필요하다.
해석 한국전쟁이 없었더라면, 그렇게 많은 사람이 죽지 않았을 것이다.

17 **정답** had written → had been written
해설 책이 쓰여진 것이므로 수동태가 필요하다.
해석 만약 그 책이 쉬운 영어로 쓰여졌더라면, 나는 그것을 샀을 텐데.

18 **정답** have → had
해설 가정법 과거완료의 if 생략 도치 구문이다.
해석 만약 시간이 충분했더라면, 나는 그 문제를 풀 수 있었을 텐데.

19 **정답** had been rained → had rained
해설 rain은 자동사로, 수동태로 쓸 수 없다.
해석 비가 왔더라면, 너는 비에 젖었을 것이다.

20 **정답** were it not been → had it not been
해설 '과거에 ~가 없었더라면'은 had it not been for…로 표현하는 것이 옳다. were it not been for은 존재하지 않는 문형이다.
해석 만약 복통이 없었더라면, 너는 시험에 붙었을 텐데.

21 **정답** be succeeded → succeed
해설 succeed는 자동사이므로 수동형으로 쓸 수 없다.
해석 공부에 부지런하겠다고 결심했다면 대학에서 성공했을 텐데.

22 **정답** tasted → had tasted 또는 would have eaten → would eat
해설 가정법 과거 또는 가정법 과거 완료 문형으로 주절과 조건절을 맞추어 써야 한다.
해석 채소가 더 맛있었더라면 아이들은 모두 먹었을 거야.

23 My family wouldn't have bought the house if they had been seen the broken pipes.

24 The teacher would have assigned less homework if the class had finished their assignment.

25 Had she knew what lay in front of her, she would never have agreed to go.

26 If he had married to the singer, he would have led a happy life.

27 Were I single, I'd still live downtown.

28 She will get angry if I'm late for the party.

29 If you left earlier, you'd have caught the last bus.

30 Without e-mail, we couldn't conduct the worldwide survey last semester.

31 But for the ice age, dinosaurs wouldn't have been died.

32 But for dinosaurs, we couldn't be taken advantage of fossil fuels now.

33 He asked me if he could borrow the book.

34 He asked that the paper be written in correct English.

ANSWER

23 정답 ○
해설 올바른 가정법 과거 완료 문장이다.
해석 나의 가족이 깨진 배관을 봤더라면 그 집을 사지 않았을 것이다.

24 정답 ○
해설 올바른 가정법 과거 완료 문장이다.
해석 반 아이들이 과제를 끝냈더라면 선생님은 숙제를 덜 내주셨을 텐데.

25 정답 knew → known
해설 가정법 과거완료 문장의 if 생략 도치 문형이므로 had + 주어 + p.p 형태가 적절하다.
해석 그녀가 앞에 놓인 일을 알았더라면, 절대 가겠다고 하지 않았을 거야.

26 정답 had married to → had married 또는 had been married to
해설 marry는 타동사이므로 전치사 없이 목적어를 취한다.
해석 그가 그 가수와 결혼했더라면 행복한 삶을 살았을 것이다.

27 정답 ○
해설 가정법 과거의 if 생략 도치 문장이다.
해석 내가 미혼이라면 여전히 도심에 살고 있을 거야.

28 정답 ○
해설 적절한 시조부현미 문장이다.
해석 내가 파티에 늦는다면 그녀는 화낼 거야.

29 정답 left → had left
해설 가정법 과거 완료의 if절 동사는 had p.p가 쓰인다.
해석 더 일찍 떠났더라면 마지막 버스를 탔을 텐데.

30 정답 couldn't conduct → couldn't have conducted
해설 가정법 과거 완료 문장의 주절에는 would(조동사의 과거형) + have p.p가 필요하다.
해석 이메일이 없었더라면, 지난 학기에 전 세계 조사를 하지 못했을 것이다.

31 정답 wouldn't have been died → wouldn't have died
해설 die는 자동사이므로 수동태로 쓸 수 없다.
해석 빙하기가 없었더라면 공룡은 멸종하지 않았을 것이다.

32 정답 couldn't be taken → couldn't take
해설 take advantage of(이용하다, 활용하다)의 목적어가 있으므로 능동태가 적절하다.
해석 공룡이 없었더라면 우리는 지금 화석 연료를 이용할 수 없었을 것이다.

33 정답 ○
해설 if 명사절이 ask(질문하다; 4형식)의 직접 목적어로 쓰여 적절하다.
해석 그는 그 책을 빌릴 수 있는지 나에게 물었다.

34 정답 ○
해설 주요명제 동사인 ask가 쓰였으므로 that절에는 동사원형이 필요하다.
해석 그는 논문이 정확한 영어로 작성되어야 한다고 요구했다.

35 If he will attend the meeting or not depends on my schedule.

36 Whether you like it or not, I will buy the car.

37 Whether you like it or not matters to me.

38 I wonder if he will attend the meeting.

39 I felt as if my heart had stopped.

40 Even if his arguments are correct, they are inappropriate to the situation.

41 Children are admitted only if they are accompanied by an adult.

42 If only I were rich.

43 What if we add a third shift?

ANSWER

35 　**정답** If → Whether
　해설 if와 whether은 둘 다 명사절로 쓰일 수 있으나, 주어 자리에 쓰일 수 있는 것은 whether 뿐이다.
　해석 그가 회의에 참석할지 말지는 내 일정에 달려 있다.

36 　**정답** ○
　해설 whether이 종속접속사로 쓰여 '~하든 말든, ~할지의 여부에 상관없이'라는 뜻으로 쓰였다.
　해석 네가 좋아하든 말든, 나는 그 차를 살 거야.

37 　**정답** ○
　해설 주어 자리에 whether 명사절이 쓰였으므로 적절하다.
　해석 네가 그것을 좋아하는지 아닌지는 나에게 중요해.

38 　**정답** ○
　해설 if절이 명사절로 쓰여 wonder의 목적어로 쓰이고 있으므로 적절하다.
　해석 그는 회의에 참석할지 아닐지가 궁금하다.

39 　**정답** ○
　해설 as if + 과거 완료(had p.p)는 주절의 시점보다 과거를 나타내므로 자연스럽다.
　해석 내 심장이 멈춘 것 같은 기분이었다.

40 　**정답** ○
　해설 '~일지라도, ~임에도 불구하고'라고 해석되는 접속사 even if가 적절하게 쓰였다.
　해석 그의 주장이 맞다 해도, 그 상황에는 적절하지 않다.

41 　**정답** ○
　해설 '오직 ~인 경우에만'이라고 해석되는 접속사 only if(= only when)이 적절하게 쓰였다.
　해석 어린이는 반드시 보호자 동반 시에만 입장 가능하다.

42 　**정답** ○
　해설 If only + 주어 + 과거형은 현재 사실에 대한 소망을 나타내며 자연스럽다.
　해석 내가 부자였으면 좋겠어.

43 　**정답** ○
　해설 What if ~?는 제안, 가정, 우려를 나타내는 표현으로 적절하다.
　해석 우리가 세 번째 근무 조를 추가하면 어때?

박문각 **김태은 영어**

마지막 기본 영문법

03

준동사

부정사와 동명사의 기본

Ⅰ. 부정사 (to V)의 역할과 관용 표현

1 부정사의 명사 역할

'V하는 것'이라고 해석되며, 주어, 목적어, 보어 자리에 사용될 수 있다.

⑴ **주어 기능(~하는 것은)** : 주어 자리에 쓰인 부정사는 동명사로 바꾸어 쓸 수도 있다.

예 01 To use dictionary is necessary.
사전을 이용하는 것이 필수적이다.

예 02 To make good friends takes time.
좋은 친구를 사귀는 것은 시간이 필요하다.

예 03 To master English as quickly as possible is my goal.

= It is my goal to master English as quickly as possible.
영어를 최대한 빨리 마스터하는 것이 나의 목표이다. (가주어－진주어 구문)

⑵ **목적어 기능(~하는 것을)** : 목적어 자리에 쓰인 부정사를 쓸 수 있는 3형식 동사를 암기한다.

예 04 I want to go shopping.
나는 쇼핑하러 가고 싶어.

예 05 Don't be surprised if I pretend not to recognize you.
내가 너를 못 알아본 척 하더라도, 놀라지 말아라.

예 06 Ted cannot afford to buy a car.
Ted는 차를 살 만한 여유가 없다.

예 07 Scientists made it possible to open the door only with fingerprints.
과학자들은 오직 지문을 가지고 문을 여는 것을 가능하게 했다. (가목적어－진목적어 구문)

⑶ 보어 기능

① 주격 보어(~하는 것이다)

예08 Their objective is to reduce greenhouse gas emissions.
그들의 목표는 온실 가스 배출량을 줄이는 것이다.

예09 The task of the organization is to ensure fair play in sports games.
이 단체의 직무는 스포츠 경기에서 페어플레이를 보장하는 것이다.

② 목적격 보어(~하게, ~하도록)

예10 The fog enabled the enemy to retreat.
안개는 적이 퇴각할 수 있게 만들었다.

예11 The coach encouraged us to keep walking.
코치는 우리가 계속해서 걸어가도록 격려했다.

예12 The demonstration forced us to make a detour of five miles.
데모는 우리가 5마일을 돌아가도록 강요했다. (데모 때문에 5마일을 돌아갔다.)

2 부정사의 형용사 역할

⑴ **일반적인 경우** : 부정사는 다양한 명사를 꾸며줄 수 있고, 명사의 종류에 딱히 제한은 없다.

> ① <u>way</u> to V (~할 방법)
> ② <u>opportunity</u> to V, <u>chance</u> to V, <u>possibility</u> to V (~할 기회, 가능성)
> ③ <u>ability</u> to V, <u>capability</u> to V (~할 능력)
> ④ <u>decision</u> to V (~하겠다는 결심)
> ⑤ <u>effort</u> to V (~하려는 노력)
> ⑥ <u>failure</u> to V (~하지 못한 것)

예13 I have a friend to help me.
나는 나를 도와줄 친구를 가지고 있다.

예14 E-mail is the easiest way to contact Sean.
이메일은 Sean에게 연락할 수 있는 가장 간단한 방법이다.

예15 I have a lot of homework to do.
나는 해야 할 숙제가 많다.

⑵ **명사를 수식하는 부정사에 자동사가 쓰인 경우** : 자동사 뒤에 전치사가 꼭 필요하다.

① a paper to write on (쓸 종이)
② a chair to sit on (앉을 의자)
③ a house to live in (살 집)
④ money to live on (먹고 살 돈)
⑤ friends to play with (함께 놀 친구)
⑥ friends to speak to (대화할 친구)
⑦ a pen to write with (쓸 펜)
⑧ nothing to be afraid of (두려울 것이 없는)

예 16 I have a friend to speak. (×)

→ I have a friend to speak to. (○)
나는 대화할 친구가 있다.

예 17 He has no house to live. (×)

→ He has no house to live in. (○)
그는 살 집이 없다.

⑶ **의문사 to V**

① what to V (무엇을 V할지)
② when to V (언제 V할지)
③ where to V (어디서 V할지)
④ how to V (어떻게 V할지, V할 방법)
⑤ whether to V (V할지 말지)

예 18 I don't know what to buy.
무엇을 사야할지 모르겠다.

예 19 I taught her how to drive a car.
나는 그녀에게 운전하는 방법을 가르쳐주었다.

3 부정사의 부사 역할

- 부사는 동사, 형용사, 부사, 또는 문장 전체를 수식하는 기능을 한다. 부정사도 마찬가지로 여러 가지 요소들을 수식할 수 있고, 이 때 부정사는 '부사 역할(부사적 용법)'을 수행한다고 한다.
- 부정사의 부사 역할은 문맥과 수식 대상에 따라 '~하기 위해, ~해서, ~하다니, 결국 ~하다' 등으로 해석된다.

⑴ ~ 하기 위해 (목적) = in order to V, so as to V

> **예20** I went to the art museum to see the paintings.
> 나는 그림을 보기 위해 미술관에 갔다.

> **예21** The detectives tried hard to prove his guilt.
> 형사들은 그의 유죄를 증명하기 위해서 열심히 노력했다.

⑵ ~ 해서 (원인)

> **예22** I'm pleased to hear the good news.
> 좋은 소식을 듣게 되어 기쁘다.

> **예23** I am so proud to have you in my team.
> 네가 우리 팀에 있어서 정말로 자랑스럽다.

⑶ ~ 하다니 (판단의 근거)

> **예24** He must be foolish to believe such a lie.
> 그런 거짓말을 믿다니 그는 바보인 게 분명해.

⑷ 결국 ~ 하다 (결과)

> **예25** She grew up to be a great singer.
> 그녀는 성장해서 좋은 가수가 되었다.

> **예26** He awoke to find himself famous.
> 그가 일어나 보니 스스로가 유명해져 있었다. (일어나니까 유명해져 있었다.)

4 부정사의 관용 표현

(1) so – that vs. too – to

1	so 형/부 that S + V	너무 형/부해서 S가 V할 정도이다
1-1	so 형/부 as to V	너무 형/부해서 V할 정도이다
1-2	such N that S + V	너무 N해서 S가 V할 정도이다
2	too 형/부 to V	V하기에는 너무 형/부하다 = 너무 형/부해서 V하지 못하다

예27 The car looks so dirty that I need to clean it.
저 차는 너무 더러워 보여서 내가 청소를 해야 할 정도이다.

예28 He ran so slowly that he couldn't catch up with her.
그는 너무 느리게 달려서 그녀를 따라잡지 못할 정도였다.

예29 Dexter was too young to go to the party.
Dexter는 너무 어려서 파티에 갈 수 없다.

예30 The rings of Saturn are too distant to be seen from Earth.
토성의 고리는 너무 멀리 있어서 지구에서 보이지 않는다.

예31 I was so tired that I couldn't attend the meeting.

= I was too tired to attend the meeting.
나는 너무 피곤해서 회의에 참석할 수 없었다.

TIP

부정사의 목적어가 문장 전체의 주어 또는 목적어와 같다면, 부정사의 목적어를 삭제해야 한다.

예32 The car was too expensive to buy it. (×: the car = it)

→ The car was too expensive to buy. (○)
그 차는 사기에는 너무 비쌌다.

⑵ 부정사 관용 표현

3	so as to V	V하기 위해
4	so that S + V	(그래서) S가 V하기 위해, S가 V하도록
5	in order to V	V하기 위해
6	in order that S + V	S가 V하기 위해

예 33 I rented a car so that we could travel more comfortably.
우리가 편하게 여행할 수 있도록 차를 렌트했다.

예 34 Keep your passport in the safe so that you don't lose it.
여권을 잃어버리지 않도록 금고 속에 넣어두어라.

예 35 He studied hard so that he could pass the exam.

= He studied hard to pass the exam.

= He studied hard so as to pass the exam.

= He studied hard in order to pass the exam.

= He studied hard in order that he could pass the exam.
그는 시험에 합격하기 위해(합격할 수 있도록) 열심히 노력했다.

예 36 Teamwork is required in order to achieve these aims.
이 목표를 달성하기 위해서 팀워크가 요구된다.

7	appear(＝ seem) to V	V하는 것처럼 보이다
8	happen to V	우연히 V하다
9	grow to V	성장하여 V하다
10	the first to V	① V할 첫 번째 사람 ② 분명 V할 사람
11	the last to V	① V할 마지막 사람 ② 절대 V하지 않을 사람
12	make it a rule to V ＝ make a point of N / Ving ＝ be in the habit of N / Ving	V하는 것을 원칙으로 삼다
13	형/부 enough to V	V할 정도로 충분히 (형/부)한
14	feel free to V	자유롭게 (부담 갖지 말고, 언제든지) V하다
15	only to V	(그러나) 결국 V하다
16	never to V	(그러나) 결국 V하지 못하다

예 37 I happened to run across her on the street.
나는 길거리에서 우연히 그녀를 마주쳤다.

예 38 She is the last to deceive you.
그녀는 절대로 너를 속이지 않을 사람이다.

예 39 I make it a rule to take a walk every morning.
나는 매일 아침에 산책 하는 습관이 있다.

예 40 He is rich enough to buy the car.

＝ He has enough money to buy the car.

＝ He has money enough to buy the car.
그는 그 차를 살 정도로 부유하다. (많은 돈을 가지고 있다.)

예 41 Feel free to send me a message.
언제든지 내게 메시지를 보내.

예 42 I tried my best only to only to fail.
나는 최선을 다했지만 결국 실패했다.

＝ I tried my best never to never to succeed.
나는 최선을 다 했지만 결국 성공하지 못했다.

(3) be 형용사 to V

17	be going to V	~할 것이다
18	be easy to V	~하기 쉽다
19	be hard to V	~하기 어렵다
20	be sure(= certain) to V	반드시 ~하다, 분명히 ~하다
21	be able to V = be capable of N / Ving	~할 능력이 있다
22	be unable to V = be incapable of N / Ving	~할 능력이 없다
23	be ready(= willing) to V	기꺼이 ~하다
24	be reluctant(= unwilling) to V	~하는 것을 꺼리다, 주저하다
25	be likely(= prone, apt, liable) to V	~할 가능성이 높다, ~하기 쉽다
26	be bound to V	~할 의무가 있다
27	be eligible(= qualified) to V	~할 자격이 있다
28	be anxious(= eager) to V	~를 갈망하다(= long to V)
29	be supposed to V	~하기로 되어있다
30	be about to V = be on the point / verge / brink of Ving	~하기 직전이다, 막 ~하려 하다

예 43 The neighbours are always willing to lend a hand.
이웃들은 언제나 기꺼이 도움을 주려고 한다.

예 44 We all are liable to make mistakes when we're tired.
우리 모두는 피곤할 때 실수를 저지르기 쉽다.

예 45 He is not eligible to enter the game.
그는 경기에 출전할 자격이 없다.

예 46 The loan was supposed to be repaid within 90 days.
대부금은 90일 이내에 상환되기로 되어 있다.(= 상환되어야 한다.)

(4) 독립 부정사

31	to be honest = to tell the truth = to be frank with you	사실대로 말하자면, 솔직하게 말하자면
32	needless to say	말할 필요도 없이
33	to begin with = first of all = in the first place	우선, 무엇보다도, 첫째
34	to one's surprise	놀랍게도
35	to make matters worse	설상가상으로
36	so to speak	말하자면
37	to make a long story short = in a word = in short = to sum up	간단히 말하자면, 요약하자면
38	to say nothing of = not to mention = let alone	~은 말할 것도 없고

예 47 Needless to say, the party did not go well.
말할 필요도 없이, 파티는 잘 진행되지 않았다.

예 48 To my surprise, she proved to be an arsonist.
놀랍게도, 그녀는 방화범으로 드러났다.

예 49 To make matters worse, I was away from my office.
설상가상으로, 나는 사무실에서 벗어나 있었다.

예 50 Ryan is a great dancer, not to mention a talented singer.
Ryan은 재능 있는 가수임은 말할 것도 없고, 뛰어난 댄서이다.

II. 동명사 (Ving)의 역할과 관용 표현

1 동명사의 명사 역할

⑴ **주어 기능 (~하는 것은)** : 주어 자리에 쓰인 동명사는 부정사로도 바꾸어 쓸 수 있다.

예 51 Asking for help sometimes needs courage.
도움을 청하는 것은 가끔 용기를 필요로 한다.

예 52 Drinking and smoking heavily will lead to your downfall.
심한 음주와 흡연은 네 몰락으로 이어질 것이다.

예 53 Play card is interesting. (×)

→ Playing/To play card is interesting. (○)
카드 게임 하는 것은 재미있다.

⑵ **목적어 기능 (~하는 것을)**

① **타동사의 목적어** : 목적어 자리에 쓰인 부정사를 쓸 수 있는 3형식 동사를 암기한다.

예 54 I don't mind doing the dishes.
나는 설거지를 하는 것을 꺼리지 않는다.

예 55 He gave up getting the project done.
그는 프로젝트를 마무리 짓는 것을 포기했다.

② **전치사의 목적어** : 전치사는 목적어로 명사 또는 동명사를 취할 수 있다.

(부정사 불가)

예 56 I am fond of listening to music on rainy days.
나는 비 오는 날 음악 듣는 것을 좋아한다.

예 57 She walked away without looking back.
그녀는 뒤돌아보지 않고 가 버렸다.

⑶ **보어 기능**

예 58 Her hobby is reading books.

= Her hobby is to read books.
그녀의 취미는 책을 읽는 것이다.

2 동명사의 관용 표현

1	when it comes to Ving	~에 관해서라면
2	be used(= accustomed) to Ving	~하는 것에 익숙하다
3	object to Ving	~에 반대하다
4	be devoted(= dedicated, committed) to Ving	~에 몰입/집중/전념하다
5	look forward to Ving	~를 기대하다
6	What do you say to Ving? = How/What about Ving?	~하는 게 어때?
7	There is no Ving = It is impossible to V	~하는 것은 불가능하다
8	It is no use(= good) Ving = It is of no use to V = It is useless to V = There is no used (in) Ving	~해봤자 소용이 없다
9	feel like Ving = would like to V	~ 하고 싶다
10	It goes without saying that S + V = It is needless to say that S + V	~는 두말할 필요도 없다
11	have difficulty (in) Ving = a hard time = trouble	~하느라 고생하다
12	be on the point of Ving = be about to V	~하기 직전이다, 막 ~하려하다
13	make a point of Ving = make it a rule to V	~하는 것을 규칙/원칙으로 삼다
14	be busy (in) Ving	~하느라 바쁘다
15	spend 시간/돈/노력 (in) Ving = take 시간/돈/노력 to V	~하는 데에 시간/돈/노력을 쓰다
16	far from Ving	~는 결코 아닌
17	be worth Ving = be worthy of Ving	~할 만한 가치가 있다

예59 When it comes to fixing cars, he is second to none.
자동차를 수리하는 것에 관해서라면, 그는 최고이다.

예60 I object to raising taxes.
나는 세금을 인상하는 것에 반대한다.

예61 She has been devoted to taking care of the sick for a long time.
그녀는 오랫동안 아픈 사람들을 돌보는 것에 전념해 왔다.

예 62 I am looking forward to seeing you again.
나는 당신을 다시 만나길 기대하고 있다.

예 63 There is no denying the fact.
그 사실을 부정하는 것을 불가능하다.

예 64 There is no use denying the fact.

= It is no use denying the fact.
그 사실을 부정해 봤자 소용이 없다.

예 65 We would like to apologize for the delay.
우리는 지연에 대해 사과하고자 한다.

예 66 It is needless to say that health is above wealth.
건강이 돈보다 중요하다는 것은 말할 필요도 없다.

예 67 I had a hard time deciding what to wear for the date.
나는 데이트 때 무엇을 입을지 결정하느라 고생했다.

예 68 The moon was on the point of rising.
달이 막 뜨려 하고 있었다.

예 69 He is busy preparing dinner.
그는 저녁을 준비하느라 바쁘다.

예 70 I spent three hours cleaning the house.

= It took me three hours to clean the house.

= It took three hours for me to clean the house.
나는 세 시간 동안 집을 청소했다.

예 71 What do you say to eating out tonight?
오늘 밤 외식하는 게 어때?

예 72 The museum is worth visiting.

= The museum is worthy of visiting.
그 박물관은 방문할 만한 가치가 있다.

CHAPTER 07

EXERCISE

다음 문장의 옳고 그름을 판단하고, 틀린 부분을 옳게 고치시오. (01~45)

01 Seeing shooting stars in the dark sky are fascinating.

02 After watch the commercials, I came to have some chicken.

03 My favorite way to relax is to take a long bath.

04 To answer the questions perfect require further effort.

05 He pretended to not like her and walked quickly away.

06 My roommate told me take out the trash.

07 Tell me how to go to the market.

08 It's impossible for me eating all this food.

09 He insisted my bring him a cup of water.

10 We look forward to your next visit.

11 Nancy is interested in to play the piano.

12 We plan to watching the movie together.

ANSWER

01 | 정답 | are → is
| 해설 | 동명사구 Seeing shooting stars가 단수 주어이므로 단수 동사 is가 와야 한다.
| 해석 | 어두운 하늘에서 별똥별을 보는 것은 매혹적이다.

02 | 정답 | watch → watching
| 해설 | 전치사 after 뒤에는 동명사(watching)가 와야 한다.
| 해석 | 광고를 본 후에 나는 치킨이 먹고 싶어졌다.

03 | 정답 | ○
| 해설 | 보어로 쓰인 to부정사 구조는 자연스럽고 문법적 오류가 없다.
| 해석 | 내가 가장 좋아하는 휴식 방법은 오래 목욕하는 것이다.

04 | 정답 | perfect → perfectly
| 해설 | 부사 perfectly가 부정사 to answer를 수식해야 한다.
| 해석 | 질문에 완벽하게 답하려면 더 많은 노력이 필요하다.

05 | 정답 | to not like → not to like
| 해설 | to부정사 부정은 not을 부정사 앞으로 보내는 것이 원칙이다.
| 해석 | 그는 그녀를 좋아하지 않는 척하며 빠르게 걸어갔다.

06 | 정답 | told me take → told me to take
| 해설 | 5형식 tell은 'tell A to V(A가 V하도록 만들다, 시키다)'로 쓰는 것이 옳다.
| 해석 | 룸메이트가 내게 쓰레기를 버리라고 말했다.

07 | 정답 | ○
| 해설 | how to V : 어떻게 ~할지, ~할 방법
| 해석 | 시장에 가는 방법을 알려주세요.

08 | 정답 | eating → to eat
| 해설 | 가주어 it에 연결되는 진주어 구조이므로 부정사를 쓰는 것이 원칙이다.
| 해석 | 내가 이 음식을 전부 먹는 건 불가능하다.

09 | 정답 | insisted my bring → insisted on my bringing
| 해설 | insist on(~을 고집하다)는 동명사를 목적어로 취하고, 앞에 소유격인 의미상 주어를 추가할 수 있다.
| 해석 | 그는 내가 물 한 잔을 가져다주기를 고집했다.

10 | 정답 | ○
| 해설 | look forward to + 명사/동명사 구조로 적절하게 쓰였다.
| 해석 | 우리는 너의 다음 방문을 고대하고 있다.

11 | 정답 | to play → playing
| 해설 | be interested in의 in은 전치사이므로 동명사 playing이 와야 한다.
| 해석 | Nancy는 피아노 치는 것에 관심이 있다.

12 | 정답 | to watching → to watch
| 해설 | plan은 to부정사를 목적어로 취한다.
| 해석 | 우리는 함께 영화를 보기로 계획했다.

13 They decided not to be cancelled the program.

14 Age doesn't matter when it comes to enjoy music.

15 There is no knowing the future.

16 I can't afford to feed my children.

17 He appears to know the real culprit.

18 The coffee beans smell like dark chocolate.

19 The doctor advised her not smoking.

20 I need a house to live.

21 She appreciated to invite her to the party.

22 It is stupid for him to drive a car without to wear a seatbelt.

23 She raises money with a view to help the poor.

ANSWER

13 [정답] to be cancelled → to cancel
[해설] 타동사 cancel의 목적어가 존재하므로 수동형 부정사는 적절하지 않다.
[해석] 그들은 그 프로그램을 취소하지 않기로 결정했다.

14 [정답] to enjoy → to enjoying
[해설] when it comes to Ving : ~에 관해서라면, ~하는 것에 있어
[해석] 음악을 즐기는 데 있어 나이는 중요하지 않다.

15 [정답] ○
[해설] there is no Ving : ~하는 것은 불가능하다
[해석] 미래를 아는 것은 불가능하다.

16 [정답] ○
[해설] 3형식 afford는 to부정사를 목적어로 취한다.
[해석] 나는 아이들에게 먹을 것을 줄 여유가 없다.

17 [정답] ○
[해설] appear to V : ~하는 것처럼 보이다
[해석] 그는 진짜 범인을 알고 있는 것처럼 보인다.

18 [정답] ○
[해설] smell like + 명사 : ~와 같은 향/냄새가 난다
[해석] 그 커피콩은 다크 초콜릿 같은 향이 난다.

19 [정답] not smoking → not to smoke
[해설] advise는 5형식 동사로, 부정사를 목적격 보어로 취한다.
[해석] 의사는 그녀에게 담배를 피우지 말라고 충고했다.

20 [정답] a house to live → a house to live in
[해설] live는 자동사이므로 목적어를 가지려면 전치사 in 필요하다.
[해석] 나는 살 집이 필요하다.

21 [정답] to invite → being invited
[해설] appreciate는 동명사만 목적어로 취하며, 초대받은 것은 수동이므로 being invited 사용한다.
[해석] 그녀는 파티에 초대받은 것에 감사했다.

22 [정답] for → of, without to wear → without wearing
[해설] • stupid(어리석은)은 인성형용사이므로 이하의 의미상 주어는 전치사 of를 활용해야 한다.
• 전치사 without 뒤에는 동명사(wearing)가 필요하다.
[해석] 그가 안전벨트를 매지 않고 운전한 것은 어리석은 일이다.

23 [정답] to help → to helping
[해설] with a view to Ving : ~하기 위해서
[해석] 그녀는 가난한 사람을 돕기 위해 기금을 모은다.

24 The box was so heavy to carry.

25 John is so mean that he never shares anything.

✓ mean 비열한

26 I finished to read the novel written by him.

27 My cat remained so silently that no one noticed his existence.

✓ existence 존재

28 He is good at speak English.

29 She is known to have been enjoyed reading books 10 years ago.

30 He is very busy to do his homework.

31 It took for me a lot of time to make students understand the theory.

32 What do you say to help the abandoned dogs on Sundays?

✓ abandoned 버려진, 유기된

33 This book is worth reading.

34 She admits to rob the book last week.

ANSWER

24 **정답** so → too
해설 so ~ that ~이 아닌 too ~ to ~ 구문이 자연스럽다.
해석 그 상자는 너무 무거워서 들 수 없었다.

25 **정답** ○
해설 so ~ that 구문이 자연스럽고 문법적 오류가 없다.
해석 John은 너무 인색해서 아무것도 나누지 않는다.

26 **정답** to read → reading
해설 finish는 동명사를 목적어로 취하는 동사이므로 to read가 아닌 reading이 와야 한다.
해석 나는 그가 쓴 소설을 다 읽었다.

27 **정답** so silently → so silent
해설 be동사 뒤에는 형용사가 와야 하므로 부사 silently가 아닌 형용사 silent가 적절하다.
해석 내 고양이는 매우 조용히 있어서 아무도 그의 존재를 알아채지 못했다.

28 **정답** speak → speaking
해설 be good at 다음에는 동명사가 와야 하므로 speak 대신 speaking이 와야 한다.
해석 그는 영어 말하기를 잘한다.

29 **정답** to have been enjoyed → to have enjoyed
해설 enjoy는 능동의 의미이므로 수동형 have been enjoyed는 문맥상 어색하다.
해석 그녀는 10년 전 책 읽기를 즐긴 것으로 알려져 있다.

30 **정답** busy to do → busy doing
해설 be busy Ving : ~하느라 바쁘다
해석 그는 숙제를 하느라 매우 바쁘다.

31 **정답** for me → took me
해설 It takes + 사람 + 시간 + to 부정사 구조에서 for은 불필요하다.
해석 학생들에게 그 이론을 이해시키는 데 많은 시간이 걸렸다.

32 **정답** help → helping
해설 What do you say to ~ing? : ~하는 게 어때? (제안)
해석 일요일마다 유기견을 돕는 것이 어때?

33 **정답** ○
해설 be worth Ving : ~할 만한 가치가 있다
해석 이 책은 읽을 가치가 있다.

34 **정답** to rob → having robbed
해설 admit는 동명사를 목적어로 취하는 동사이고, 동명사의 내용이 본동사보다 확연한 과거이므로 완료동명사 having p.p 형태가 필요하다.
해석 그녀는 지난주에 책을 훔쳤다고 인정했다.

35 Upon reaching at the top, they were faced with strong winds.

36 Kids are supposed to not staying in school after five.

37 He faked his past in order to securing the job.

✓ *secure 얻다, 확보하다*

38 They came to this island so as to dig up the ruins.

✓ *dig up 파내다* ✓ *ruin 망치다, 붕괴, 몰락* ✓ *ruins 폐허*

39 In telling English, you should be not afraid of making mistakes.

40 It is no use to continue this discussion.

41 I make it a rule to play tennis every other day.

42 This radio is too complicated to put it together.

✓ *complicated 복잡한* ✓ *put together 조립하다*

43 I objected to treating as a child.

44 I happened to meet her in the elevator.

45 The controversy is unlikely to die down.

✓ *controversy 논쟁* ✓ *die down 수그러들다*

ANSWER

35 **정답** reaching at → reaching
해설 reach는 타동사로 전치사 없이 목적지를 직접 취하므로 at은 불필요하다.
해석 정상에 도달하자마자, 그들은 강한 바람에 직면했다.

36 **정답** to not staying → not to stay
해설 • be supposed to V : ～하기로 되어있다
• to stay의 부정은 not to stay가 적절하다.
해석 아이들은 다섯 시 이후에 학교에 남아 있으면 안 된다.

37 **정답** to securing → to secure
해설 in order to V : ～하기 위해
해석 그는 직장을 얻기 위해 자신의 과거를 조작했다.

38 **정답** ○
해설 so as to V : ～하기 위해
해석 그들은 유적을 파내기 위해 이 섬에 왔다.

39 **정답** In telling → In speaking
해설 영어를 구사하는 행위를 말할 때는 speak English가 자연스러우므로 telling 대신 speaking이
적절하다.
해석 영어로 말할 때는 실수를 두려워하지 않아야 한다.

40 **정답** to continue → continuing
해설 It is no use Ving : ～해봤자 소용없다
해석 이 논의를 계속 해봤자 아무 소용이 없다.

41 **정답** ○
해설 make it a rule to V : ～하는 것을 습관/원칙으로 삼다
해석 나는 하루걸러 한 번씩 테니스를 치는 것을 규칙으로 삼고 있다.

42 **정답** it 삭제
해설 부정사의 목적어 it이 문장 전체의 주어인 this radio와 중복되므로 삭제해야 한다.
해석 이 라디오는 조립하기에는 너무 복잡하다.

43 **정답** treating → being treated
해설 타동사 treat의 목적어가 없으므로 수동의 동명사인 being p.p가 적절하다.
해석 나는 아이 취급당하는 것을 거부했다.

44 **정답** ○
해설 happen to V : 우연히 ～하다
해석 나는 엘리베이터에서 우연히 그녀를 만났다.

45 **정답** ○
해설 be unlikely to V : ～할 가능성이 낮다, ～할 것 같지 않다
해석 그 논란은 쉽게 가라앉지 않을 것 같다.

부정사와 동명사의 응용

1 의미상의 주어

- 부정사와 동명사 속의 동사를 행하는 주체를 '의미상 주어'라고 부른다.
- 의미상 주어가 필수적으로 필요한 것은 아니다. 문장 전체의 주어 또는 목적어가 의미상 주어와 일치하거나, 의미상 주어가 일반인일 경우에는 의미상 주어를 생략한다.

  예 01 The painter wanted to forget his past. (부정사의 주체 = 주어)
  그 화가는 자기의 과거를 잊고 싶어한다.

  예 02 It is natural to love one's parents. (부정사의 주체 = 일반인)
  부모님을 사랑하는 것은 당연하다.

- 다만, 그렇지 않은 경우는 따로 표시해야 한다.

부정사의 의미상 주어	(원칙) for N / (예외) of N
동명사의 의미상 주어	소유격

(I) 부정사의 의미상 주어

① **원칙** : 부정사의 의미상 주어는 부정사 앞에 전치사 for을 이용하여 나타낸다.

  예 03 It takes a long time for me to write a book.
  내가 책을 쓰는 것은 오랜 시간이 걸린다.

  예 04 It was impossible for us to win the game.
  우리가 경기에서 이기는 것은 불가능했다.

  예 05 This coat seems too large for my baby to wear.
  이 코트는 우리 아기가 입기에는 너무 커 보인다.

  예 06 That is not a decision for you to make.
  그것은 네가 내릴 결정은 아니다. / 왜 니가 그걸 결정해.

  예 07 I'm waiting for you to come.
  나는 네가 오길 기다린다.

② **예외** : 사람의 성격을 나타내는 형용사(인성 형용사) 뒤에서는 전치사 of를 쓴다.

> kind (친절한), good, nice (착한), generous (관대한),
> clever (현명한), rude (무례한), polite (예의 바른), wise (현명한),
> careful (신중한), cruel (잔인한), foolish (바보 같은)

  예 08 It was kind of you to help me.
  네가 나를 돕다니 친절하다.

  예 09 It is so nice of her to say so.
  그녀가 그렇게 이야기하다니 정말 착하다.

⑵ **동명사의 의미상 주어** : 동명사의 의미상 주어는 동명사 앞에 소유격을 두어 나타
내는 것이 기본이다.

> 예10 I am sure of their passing the test.
> 나는 그들이 시험에 합격할 거라고 확신해.

> 예11 He insisted on my cleaning the room.
> 그는 내가 방을 치울 것을 고집했다.

> 예12 I suggest your reading the article about A.I.
> 나는 네가 인공지능에 대한 기사를 읽어 볼 것을 제안한다.

> 예13 We appreciate your pointing out the problem.
> 우리는 네가 문제점을 지적해 준 것을 고맙게 생각한다.

2 완료 부정사, 완료 동명사

- 준동사가 본동사와 같거나 미래 시점에 발생하는 경우 단순 부정사를 쓴다.
- 준동사가 본동사보다 확연히 과거에 발생한다면 완료 준동사를 써야 한다.

구분	단순 준동사	완료 준동사
부정사	**to V** (단순 부정사)	**to have p.p** (완료 부정사)
동명사	**Ving** (단순 동녕사)	**having p.p** (완료 동녕사)

⑴ 완료 부정사

> 예14 He seems to be rich. (단순 부정사)
> 그는 부유한 것처럼 보인다.

> 예15 He seems to have been rich. (완료 부정사)
> 그는 (과거에) 부유했던 것처럼 보인다.

> 예16 She seemed to be sick. (단순 부정사)
> 그녀는 아픈 것처럼 보였다.

> 예17 She seemed to have been sick. (완료 부정사)
> 그녀는 (과거에) 아팠던 것처럼 보였다.

> 예18 My grandfather is said to have built the tunnel when young.
> 우리 할아버지는 젊었을 때 그 터널을 지었다고 알려져 있다.

> 예19 Kate appears to have rejected the offer last week.
> Kate는 지난주에 그 제안을 거절했던 것처럼 보인다.

> 예20 He claims to have been punished yesterday for no reason.
> 그는 어제 아무 이유 없이 처벌을 당했다고 주장한다.

(2) 완료 동명사

예 21 I am proud of being rich. (단순 동명사)
나는 부유한 것이 자랑스럽다.

예 22 I am proud of having been rich. (완료 동명사)
나는 (과거에) 부유했던 것이 자랑스럽다.

예 23 He admits having committed the crime.
그는 그 범죄를 저질렀던 것을 인정한다.

예 24 You denied having told me a lie before.
너는 전에 내게 거짓말을 했던 것을 부인했다.

예 25 She is furious at having been deceived a week ago.
그녀는 일주일 전에 사기를 당한 것에 분개한다.

> **TIP**
>
> have p.p는 어떤 자리에 들어가느냐에 따라 의미하는 바가 달라진다.
>
> ① 본동사에 have p.p가 쓰이면 선시제이다.
>
> **예 26** I have written a book for three years.
> 나는 3년 동안 책을 썼다.
>
> **예 27** The book has been written a book for three years.
> 그 책은 3년 동안 쓰여졌다.
>
> ② 조동사 뒤에 have p.p가 쓰이면 과거이다.
>
> **예 28** I should have bought a book in advance.
> 나는 미리 책을 샀어야 했는데...
>
> **예 29** The book should have been bought in advance.
> 책이 미리 구매되었어야 했는데...
>
> ③ 준동사에 have p.p가 쓰이면 과거이다.
>
> **예 30** He is known to have built the temple six hundred years ago.
> 그는 6백 년 전에 그 절을 지었다고 알려져 있다.
>
> **예 31** The temple is known to have been built six hundred years ago.
> 그 절은 6백 년 전에 지어졌다고 알려져 있다.

3 수동 부정사, 수동 동명사

구분	단순 준동사	수동 준동사
부정사	**to V** (단순 부정사)	**to be p.p** (수동 부정사)
동명사	**Ving** (단순 동명사)	**being p.p** (수동 동명사)

⑴ 수동 부정사

예 32 I need to use the tool. (단순 부정사)
나는 도구를 사용할 필요가 있다.

예 33 The tool needs to be used. (수동 부정사)
그 도구는 사용될 필요가 있다.

예 34 We don't allow the players to be interviewed.
우리는 선수들이 인터뷰되도록 허락하지 않는다.

예 35 He was likely to be made fun of.
그는 놀림을 당할 가능성이 높았다.

예 36 I want to be rewarded for my hard work.
나는 내 노력에 대해 보상을 받고 싶다.

⑵ 수동 동명사

예 37 I object to treating the homeless unfairly. (단순 동명사)
나는 노숙자들을 부당하게 취급하는 것에 반대한다.

예 38 The homeless object to being treated unfairly. (수동 동명사)
노숙자들은 부당하게 취급당하는 것에 반대한다.

예 39 I dislike being asked to make a speech.
나는 연설하라는 요청을 받는 것을 싫어한다.

예 40 I am not afraid of being left alone.
나는 혼자 남겨지는 것이 두렵지 않다.

TIP

① be to blame for ～ : ～에 대해 책임이 있다, 비난을 받아야 한다.

예 **41** Fatigue was to blame for the accident.
피로가 이번 사건에 책임이 있다. (피로 때문에 이번 사건이 일어났다.)

예 **42** He is to blame for his unethical behavior.
그는 비윤리적 태도에 대해 책임을 져야한다 (비난을 받아야 한다.)

② be worth Ving

예 **43** The book is worth reading.
그 책은 읽어볼 만한 가치가 있다.

예 **44** The museum is worth visiting.
그 박물관은 방문할 만한 가치가 있다.

③ want / need / require + to be p.p ＝ Ving

예 **45** The house needs to be painted(＝ painting).
그 집은 페인트칠이 필요하다.

예 **46** The apples require to be washed(＝ washing).
그 사과는 세척이 필요하다.

4 부정사와 동명사의 수식

부정사와 동명사를 수식하는 것은 부사이다.

예 **47** I failed to understand the theory entirely.
나는 그 이론을 완전히 이해하는 것에 실패했다.

예 **48** She makes her living by writing novels constantly.
그녀는 계속해서 소설을 씀으로써 생계를 꾸려나간다.

예 **49** Wandering about aimlessly is of no use.
목적 없이 돌아다니는 것은 아무 소용없다.

5 부정사와 동명사의 부정

준동사를 부정하는 not은 준동사 앞에 둔다.

예50 She decided not to accept the job.
그녀는 그 일을 맡지 않겠다고 결심했다.

예51 I have always taught my sons not to talk to strangers.
나는 아들들에게 언제나 낯선 이에게 말 걸지 않도록 가르쳐 왔다.

예52 I apologize for not sending you a message.
나는 네게 메시지를 보내지 않은 거에 대해 사과한다.

예53 We are worried about his not arriving on time.
우리는 그가 제때에 도착하지 않는 것에 대해 걱정이 되었다.

예54 Not telling a lie to your friends is important.
친구들에게 거짓말을 하지 않는 것이 중요하다.

EXERCISE

다음 문장의 옳고 그름을 판단하고, 틀린 부분을 옳게 고치시오. (01~44)

01 It is impossible of us to imagine a life without computers.

02 I refuse meeting such a liar.

03 To create the electrical energy also create environmental problems.

04 He suggested for me to take the children to the zoo.

05 I would rather advise you to stay not depressed.

06 Reading books rapid is not related to intelligence.

07 We found it easy of her to swim across the river.

08 The young enjoy to talk with their friends.

09 I'm looking forward to hearing from her

10 I came to Paris with a view to studying painting

11 My puppy made it hard for me to leave.

ANSWER

01 | 정답 | of us → for us
| 해설 | 부정사의 의미상 주어는 전치사 for을 활용하는 것이 원칙이다.
| 해석 | 우리에게 컴퓨터 없는 삶을 상상하는 것은 불가능하다.

02 | 정답 | meeting → to meet
| 해설 | refuse는 부정사(to + 동사원형)를 목적어로 취하는 3형식 동사이다.
| 해석 | 나는 그런 거짓말쟁이를 만나는 것을 거부한다.

03 | 정답 | create → creates
| 해설 | 부정사 주어는 단수 취급한다.
| 해석 | 전기를 생산하는 것은 환경 문제도 일으킨다.

04 | 정답 | for me to take → my taking 또는 that I take
| 해설 | suggest는 3형식으로 쓰여 동명사를 목적어로 취하거나 (이 때 소유격으로 동명사의
의미상 주어를 취할 수 있다) 또는 that절을 목적어로 취하는 것이 옳다.
| 해석 | 그는 내가 아이들을 동물원에 데려갈 것을 제안했다. / 데려가야 한다고 주장했다.

05 | 정답 | stay not depressed → not to stay depressed
| 해설 | 준동사인 부정사를 부정하는 not은 부정사 앞에 둔다.
| 해석 | 나는 네가 우울해하지 말라고 충고하고 싶다.

06 | 정답 | rapid → rapidly
| 해설 | 준동사인 동명사를 수식하는 것은 부사이다.
| 해석 | 책을 빠르게 읽는 것이 지능과 관련 있는 것은 아니다.

07 | 정답 | of her → for her
| 해설 | 부정사의 의미상 주어는 전치사 for을 활용하는 것이 원칙이다.
| 해석 | 우리는 그녀가 강을 건너 수영하는 것이 쉽다고 생각했다.

08 | 정답 | to talk → talking
| 해설 | 동사 enjoy 다음에는 동명사가 와야 한다.
| 해석 | 젊은이들은 친구들과 이야기하는 것을 즐긴다.

09 | 정답 | ○
| 해설 | look forward to Ving : ~를 기대하다
| 해석 | 나는 그녀에게서 소식을 듣기를 기대하고 있다.

10 | 정답 | ○
| 해설 | with a view to Ving : ~하기 위해
| 해석 | 나는 그림을 공부하기 위해 파리에 왔다.

11 | 정답 | ○
| 해설 | 가목적어-진목적어 구문에 의미상 주어가 결합된 형태이다.
| 해석 | 내 강아지는 내가 (집을) 떠나는 것을 어렵게 만들었다.

12 Would you mind coming earlier next time?

13 Prosecutors objected to review all the rulings.

✔ *Prosecutor 검찰* ✔ *ruling 판결*

14 Intellectual property rights protect music from steal.

✔ *intellectual property rights 지적재산권*

15 I have studied English for three years.

16 I should ask you for some advice earlier.

17 He claims to meet the actor on the street yesterday.

18 She is believed to have killed by the rebel army.

✔ *rebel army 반란군*

19 He ordered a strong wall to build to keep out the northern forces.

20 We have the right to state our opinions freely without the fear of punishing.

✔ *state 진술하다, 말하다*

21 She patiently waited for me to complete the paper work.

ANSWER

12 정답 ○
해설 mind는 동명사를 목적어로 취하는 3형식 동사이다.
해석 다음번에는 좀 더 일찍 와 주시겠어요?

13 정답 review → reviewing
해설 object to Ving : ~하는 것에 반대하다
해석 검찰은 모든 판결을 재검토하는 것에 반대했다.

14 정답 steal → being stolen
해설 from이 전치사이므로 이하에 동명사 형태가 필요하고, music과 steal은 수동의 관계이므로
　　수동의 동명사인 being p.p 형태가 적절하다.
해석 지적 재산권은 음악을 도난당하는 것으로부터 보호한다.

15 정답 ○
해설 적절한 현재완료 시제이다.
해석 나는 3년 동안 영어를 공부했다.

16 정답 should ask → should have asked
해설 과거에 대한 후회를 나타내므로 조동사 should 이하에 have p.p를 써야한다.
해석 내가 더 일찍 너에게 조언을 구했어야 했는데.

17 정답 to meet → to have met
해설 본동사보다 부정사가 확연한 과거를 나타내고 있으므로 완료 부정사인 to have p.p 형태가
　　적절하다.
해석 그는 어제 길에서 그 배우를 만났다고 주장한다.

18 정답 have killed → have been killed
해설 본동사보다 부정사가 과거를 나타내고 있으므로 완료 부정사인 to have p.p 형태가 적절
　　하다. kill의 목적어가 없으므로 수동형으로 쓴다.
해석 그녀는 반란군에 의해 살해된 것으로 알려져 있다.

19 정답 to build → to be built
해설 목적어인 wall과 목적격 보어인 build가 수동의 관계이므로 수동의 부정사인 to be p.p가
　　필요하다.
해석 그는 북부 세력을 막기 위해 튼튼한 벽이 건설되도록 명령했다.

20 정답 punishing → being punished
해설 타동사 punish의 목적어가 없으므로 수동의 동명사인 being p.p가 적절하다.
해석 우리는 처벌을 받을 두려움 없이 우리의 의견을 자유롭게 진술할 권리가 있다.

21 정답 ○
해설 wait for N to V : (명사)가 (동사)할 것을 기다리다
해석 그녀는 내가 서류 작업을 완료할 때까지 참을성 있게 기다렸다.

22 It turned out to be easier for right-handed people to use scissors.

✓ *scissors* 가위

23 Stop to plan for tomorrow. You should plan to make today the best day of your life.

24 It is impolite for you to come so late.

25 It is considerate of you not to disturb us.

✓ *considerate* 사려 깊은   ✓ *disturb* 괴롭히다

26 Nowadays motorcars are so numerous that people hardly walk from places to places.

✓ *numerous* 수많은

27 The symptoms were so unusual as to perplex doctors.

✓ *unusual* 흔치 않은, 독특한   ✓ *perplex* 당황하게 만들다

28 He is such a wise man that every student wants to talk with him.

29 Eden made so firm a decision that it was no good trying to persuade him.

✓ *make a decision* 결심하다   ✓ *firm* 확고한, 견고한

30 I signed up for the fitness club so as to get into shape.

✓ *get into shape* 몸매를 가꾸다

31 She was too weak that lift such a huge machine

32 They waited in ambush in order to attack the enemy

✓ *wait in ambush* 매복하다

ANSWER

22 정답 ○
해설 가주어-진주어 구문과 의미상 주어의 쓰임새가 모두 적절하다.
해석 오른손잡이들이 가위를 쓰는 것이 더 쉽다는 것이 밝혀졌다.

23 정답 to plan → planning
해설 '~하던 것을 멈추다'로 해석되는 3형식 동사 stop은 동명사를 목적어로 취해야 한다.
해석 내일을 계획하는 것을 멈추어라. 당신은 오늘을 최고의 날로 만들기 위해 계획을 세워야 한다.

24 정답 for you → of you
해설 impolite(무례한)는 사람의 성격을 나타내는 형용사이므로 부정사의 의미상 주어를 표현할 때 'of 명사'가 적절하다.
해석 네가 이렇게 늦게 오는 것은 무례한 일이다.

25 정답 ○
해설 considerate(사려 깊은)는 사람의 성격을 나타내는 형용사이므로 부정사의 의미상 주어를 전치사 of를 활용하여 표현해야 한다.
해석 네가 우리를 방해하지 않은 것은 사려 깊은 일이다.

26 정답 ○
해설 적절한 so-that 구문의 쓰임이다.
해석 요즘 자동차가 너무 많아서 사람들은 한 장소에서 다른 장소로 걸어 다니지 않는다.

27 정답 ○
해설 적절한 so-as to 구문의 쓰임이다.
해석 그 증상들은 너무 특이해서 의사들을 당황하게 만들었다.

28 정답 ○
해설 적절한 such-that 구문의 쓰임이다.
해석 그는 너무 현명해서 모든 학생들이 그와 이야기하기를 원한다.

29 정답 ○
해설 적절한 so-that 구문의 쓰임이다.
해석 Eden은 너무 확고한 결정을 내려서 설득하려 해도 소용없었다.

30 정답 ○
해설 so as to V : ~하기 위해
해석 나는 몸매를 가꾸기 위해 헬스클럽에 등록했다.

31 정답 that → to
해설 too-to 구문에 맞추어 문장을 수정한다.
해석 그녀는 너무 약해서 그런 거대한 기계를 들 수 없었다.

32 정답 ○
해설 in order to V : ~하기 위해
해석 그들은 적을 공격하기 위해 매복했다.

33 He seems to be angry with me yesterday.

34 She is believed to have been died in the war.

35 We were shocked at his having betrayed us.

36 Einstein is known to establish the theory of relativity.

✔ *the theory of relativity 상대성 이론*

37 She is thought to have played a key role in the negotiations in 2023.

38 He is known to have been injured when the accident occurred.

39 The temple is known to have built four hundred years ago.

40 She claims to be robbed yesterday.

41 I couldn't avoid laughing at by him.

42 What mastering English in a short period is not easy makes students exhausted.

ANSWER

33 정답 to be → to have been
해설 부정사가 본동사보다 확연한 과거시제이므로 완료 부정사인 to have p.p가 적절하다.
해석 그는 어제 나에게 화났던 것처럼 보인다.

34 정답 to have been died → to have died
해설 die는 자동사이므로 수동태로 쓸 수 없다.
해석 그녀는 전쟁 중에 죽었다고 알려져 있다.

35 정답 ○
해설 적절한 완료 동명사와 의미상 주어의 쓰임이다.
해석 우리는 그가 우리를 배신했다는 것에 충격을 받았다.

36 정답 to establish → to have established
해설 부정사가 본동사보다 확연한 과거 사건이므로 완료 부정사인 to have p.p가 적절하다.
해석 아인슈타인은 상대성 이론을 창시한 것으로 알려져 있다.

37 정답 ○
해설 부정사가 본동사보다 확연한 과거 사건이므로 완료 부정사인 to have p.p가 적절하다.
해석 그녀는 2023년에 협상에서 핵심적인 역할을 한 것으로 알려져 있다.

38 정답 ○
해실 부정사가 본동사보다 확연한 과거 사긴이므로 완료 부정사인 to have p.p가 적절히고,
　　　타동사 injure의 목적어가 없으므로 injure는 수동형이 필요하다.
해석 그는 사고가 났을 때 부상당한 것으로 알려져 있다.

39 정답 to have built → to have been built
해설 타동사 build의 목적어가 없으므로 build는 완료부정사의 수동형이어야 한다.
해석 그 사원은 400년 전에 지어진 것으로 알려져 있다.

40 정답 to be robbed → to have been robbed
해설 부정사가 본동사보다 확연한 과거 사건이므로 완료 부정사인 to have p.p가 적절하고,
　　　타동사 rob의 목적어가 없으므로 rob은 수동형이 필요하다.
해석 그녀는 어제 도둑맞았다고 주장한다.

41 정답 laughing at → being laughed at
해설 타동사인 숙어 laugh at의 목적어가 없으므로 수동형 동명사를 쓴다.
해석 나는 그에 의해 비웃음 당하는 것을 피할 수 없었다.

42 정답 What → That
해설 mastering English in a short period is not easy는 완벽한 문장이므로 that과 결합하여
　　　명사절을 이룬다.
해석 짧은 기간에 영어를 정복하기가 힘들다는 것은 학생들을 지치게 만든다.

분사

1 분사의 기본 개념

- 분사는 동사로 만든 형용사이고, 문장의 모든 형용사 자리에는 분사가 쓰일 수 있다.
- 따라서 ① 분사는 명사를 꾸며줄 수 있고
  ② 분사는 보어 자리에 쓰일 수 있으며
  ③ the + 분사는 '~한 사람들'이라는 뜻의 복수명사 기능을 하고
  ④ 분사 + ly = 부사가 된다.
- 형용사는 형태가 한 가지이지만, 분사는 두 가지이므로 둘 중 어떤 것을 쓸지 선택해야 한다.

구분	종류	형태	구조	해석
분사	능동의 현재분사	ing	자동사	~하는
			타동사 + 목적어 有	
	수동의 과거분사	p.p	타동사 + 목적어 無	~된/해진/받은/당한

2 분사의 명사 수식

- 분사는 명사를 앞 또는 뒤에서 꾸며준다.
- 일반적으로 분사가 한 단어라면 명사를 앞에서 꾸며주고 (전치수식)
- 일반적으로 분사가 두 단어 이상으로 된 덩어리라면 명사를 뒤에서 꾸며준다.

(후치수식)

(1) 분사의 전치수식

예 01 They have gathered evidence of flowing water on Mars.
그들은 화성에서 흐르는 물의 증거를 모았다.

예 02 The remaining problem will be solved later.
남은 문제는 나중에 해결될 것이다.

예 03 She stayed up all night to make up for the wasted time.
그녀는 낭비된 시간을 만회하고자 밤을 새웠다.

예 04 I put the (<u>sleeping</u> / slept) baby down gently.
나는 잠자는 아기를 살며시 내려놓았다. (정답 - sleeping)

예 05 Fish couldn't live in the (polluting / <u>polluted</u>) water.
물고기들은 오염된 강에서 살 수 없었다. (정답 - polluted)

⑵ 분사의 후치수식

예 06 The guy speaking to the participants is the chief examiner.
참가자들에게 말하고 있는 저 사람이 수석 심사위원이다.

예 07 There are a lot of people selling boots and socks.
부츠와 양말을 파는 사람들이 많이 있었다.

예 08 I was wearing a shirts made of cotton.
나는 면으로 만들어진 셔츠를 입고 있었다.

예 09 He enclosed a money order (paying back / paid back) ten dollars.
그는 10달러를 지불하는 우편환을 동봉했다.　　　　　　　　　(정답 - paying back)

예 10 Queenstown is a beautiful town (surrounding / surrounded) by the Southern Alps.
퀸즈타운은 알프스 남부에 의해 둘러싸인 아름다운 마을이다.　　　　(정답 - surrounded)

3 분사의 보어 역할

2형식 동사와 5형식 동사 뒤의 주격/목적격 보어 자리에는 형용사가 들어갈 수 있으므로 당연히 분사가 들어가도 된다.

예 11 He became neglected.
그는 방치되었다.

예 12 She remains sitting on the sofa.
그녀는 계속 소파에 앉아있다.

예 13 He left me playing the piano.
그는 내가 계속 피아노를 치게 내버려두었다.

예 14 She kept me (standing / stood) in the lobby.
그녀는 내가 계속 서 있게 했다.　　　　　　　　　　　　　　　(정답 - standing)

예 15 They found the car (parking / parked) near the river.
그들은 강 근처에 차가 주차되어 있는 것을 발견했다.　　　　　　(정답 - parked)

4 감정 분사

- 사람이 느끼는 감정과 관련된 동사를 분사로 활용한 것이 '감정분사'이다.
- 일반적으로는 사람을 수식하면 과거분사, 사람이 아닌 것을 수식하면 현재분사이다.

> amaze (놀라게 하다), astonish (놀라게 하다), surprise (놀라게 하다),
> frighten (겁먹게 하다), terrify (겁먹게 하다), shock (충격을 주다),
> excite (열광하게 하다), interest (흥미롭게 하다), amuse (즐겁게 하다),
> please (즐겁게 하다), satisfy (만족스럽게 하다), fascinate (매료시키다),
> confuse (혼란스럽게 하다), perplex (당황하게 하다), embarrass (당황하게 하다),
> worry (걱정시키다), disappoint (실망을 주다), discourage (낙담하게 하다),
> bore (지루하게 만들다), tire (피곤하게 하다)

예 16 I got bored with the boring movie.
나는 지루한 영화를 보고 지루해졌다.

예 17 The news was really (<u>shocking</u> / <u>shocked</u>).
그 뉴스는 매우 충격적이었다.　　　　　　　　　　　　　　　(정답 − shocking)

예 18 The (<u>exciting</u> / <u>excited</u>) spectators rushed to the ground.
흥분한 관중들이 경기장으로 몰려들었다.　　　　　　　　　　(정답 − excited)

예 19 We found the new film very (<u>interesting</u> / <u>interested</u>).
우리는 새 영화가 매우 재미있다고 생각했다.　　　　　　　　(정답 − interesting)

예 20 Soldiers got (<u>tiring</u> / <u>tired</u>) in the (<u>confusing</u> / <u>confused</u>) situation.
혼란스러운 상황 속에서 군인들은 지쳤다.　　　　　　　　　(정답 − tired, confusing)

5 암기 분사

> missing (사라진, 실종된), promising (유망한, 가능성 있는), demanding (힘든),
> leading (선두적인), rewarding (보람 있는), striking (두드러진, 인상적인)

> celebrated (유명한), complicated (복잡한), crowded (복잡한, 혼잡한),
> sophisticated (정교한, 세련된), reserved (내성적인), experienced (노련한),
> learned (박식한), devoted (헌신적인), detailed (자세한),
> retired (은퇴한), long-lived (장수하는)

예 21 The missing child was found safe.
실종된 아이가 무사하게 발견되었다.

예 22 He used striking images to get his point across.
그는 자기의 논점을 이해시키기 위해 인상적인 이미지를 이용했다.

예 23 The instructions look very complicated.
설명서가 굉장히 복잡해 보인다.

예 24 I am a retired teacher aged 58 years old.
나는 58세의 은퇴한 선생이다.

6 분사의 활용

(1) the + 분사 = ~한 사람들

예 25 The lieutenant ordered his soldiers to help the wounded.
대위는 그의 부하들이 부상자들을 돕도록 명령했다.

예 26 She spent her life looking after the disabled.
그녀는 한 평생을 장애인들을 돌보면서 지냈다.

예 27 The gifted are perceived as young professionals.
영재들은 젊은 전문가들로 인식되었다.

예 28 The hospice aims to ease the sufferings of the dying.
호스피스는 죽어가는 사람들의 고통을 덜어주는 것을 목표로 한다.

(2) 분사는 부사의 수식을 받는다.

예 29 He answered in carefully chosen words.
그는 조심스럽게 선택된 말로 대답했다.

예 30 Copper is one of the widely used materials for industry.
구리는 공업에서 널리 사용되는 재료 중 하나이다.

예 31 The loosely woven rug is made of a rare grass found in the northern area.
느슨하게 짜인 이 양탄자는 북부 지역에서 발견되는 희귀한 풀로 만들어졌다.

7 분사 구문

(I) 기본 분사 구문

① 문장 두 개가 접속사로 연결된 문장을 간결하게 만들어주기 위한 규칙이다.

② 접속사가 생략된 경우에는 앞 뒤 문맥을 고려하여 자연스럽게 해석하는 것이 중요하다.

③ 분사구문으로 전환하는 방법은 다음과 같다.

> • 접속사는 생략 가능하다.
> • 주절 주어 = 종속절 주어 : 종속절 주어 삭제
>   주절 주어 ≠ 종속절 주어 : 접속사 삭제
> • 종속절의 동사가 능동이라면 : Ving
>   종속절의 동사가 수동이라면 : p.p (또는 being p.p)

예 32 Finishing the work, he went home. (분사구문)

= As he finished the work, (원래 종속절)
일을 끝낸 그는 집으로 갔다.

예 33 Walking along the street, I met your sister.

= While walking along the street,
길을 걷던 나는 네 여동생을 만났다.

예 34 Because not having a car, they had to walk to the station.

= Because she didn't have a car,
차를 가지고 있지 않아서 그들은 역까지 걸어가야만 했다.

예 35 She couldn't protect her son, not knowing anything about it.

= since she didn't know anything about it.

그 일에 대해 아무것도 알지 못했던 그녀는 아들을 보호할 수 없었다.

예 36 Injured in his leg, the athlete couldn't finish the game.

= Because he was injured in his leg,
다리에 부상을 당한 그 선수는 경기를 마칠 수 없었다.

예 37 Not used excessively, poison can be a medicine.

= If it is not used excessively,
과도하게 사용되지 않는다면, 독도 약이 될 수 있다.

예 38 Although written in easy Chinese, the book was hard to read.

= Although it was written in easy Chinese,
쉬운 중국어로 쓰여지긴 했지만 그 책은 읽기가 쉽지 않았다.

예 39 The earth looks like a ball, seen from a distance.
멀리에서 목격된 지구는 공처럼 생겼다. = when it is seen from a distance.

(2) 독립 분사구문

① 주절의 주어와 종속절의 주어가 다른 분사구문을 '독립 분사구문'이라고 한다.

② 종속절 주어를 생략할 수 없음에 유의한다.

예 40 <u>Taking a shower</u>, the bell rang. (×)

→ I taking a shower,
내가 샤워를 하는 동안에, 벨이 울렸다.

예 41 <u>Looking back</u>, the park was covered with snow. (×)

→ We looking back,
우리가 뒤돌아보니, 공원은 눈으로 뒤덮여 있었다.

예 42 <u>Being a fine day</u>, we decided to take a walk. (×)

→ It being a fine day,
날씨가 좋아서, 우리는 산책을 하기로 했다.

예 43 <u>Being no evidence against him</u>, the suspect was soon released. (×)

→ There being no evidence against him,
그에게 불리한 증거가 없어서, 용의자는 곧 풀려났다.

(3) 완료 분사구문 : 주절의 내용보다 분사구문이 더 과거의 일인 경우, 일반 분사구문이 아니라 완료 분사구문을 써야 한다.

완료 분사구문	능동	having p.p
	수동	having been p.p 또는 p.p

예 44 <u>Living in the city when young</u>, I feel familiar with it. (×)

→ Having lived in the city when young,
어렸을 때 그 도시에 살았었기 때문에, 친숙하게 느껴진다.

예 45 <u>Having written more than a century ago</u>, the book still sells well. (×)

→ Having been written more than a century ago,

→ Written more than a century ago,
100년 전에 쓰여진 그 책은 여전히 잘 팔린다.

(4) with 부대상황 분사구문

with + 명사 + 형용사 또는 분사	(명사)가 (형용사 또는 분사)한 채로, 상태로

예 46 Don't speak with your mouth full.
입에 (음식물이) 가득 찬 채로 말하지 말아라.

예 47 With night coming on, the wind started to blow hard.
밤이 다가오자, 바람이 세게 불기 시작했다.

예 48 She listened to the music with eyes closed.
그녀는 눈을 감은 채로 음악을 들었다.

예 49 He was sitting with arms crossed.
그는 팔짱을 끼고 앉아있었다.

예 50 She was crying with the tap water running.
그녀는 수돗물을 틀어놓은 상태로 울고 있었다.

EXERCISE ❶

다음 괄호에서 옳은 것을 고르시오. (01~22)

01 He tried hard to make up for the (wasting / wasted) time.

02 The (barking / barked) dog does not bite.

03 I am interested in the story about the (disappearing / disappeared) expedition of the Amazon River.

04 He bought a (using / used) car at a low price.

05 They sell (boiling / boiled) eggs at that shop.

06 Who is the lady (sitting / sat / seating / seated) on the bench?

07 The girl (playing / played) the violin is my sister.

08 There are many workers (making / made) goods in this factory.

09 There are many computers (making / made) in China.

10 The child (writing / written) a letter here is Mary.

11 The child had many books (writing / written) in English.

ANSWER

01 **정답** wasted
해설 time과 waste는 수동의 관계이므로 과거분사가 적절하다.
해석 그는 낭비된 시간을 보상하려고 열심히 노력했다.

02 **정답** barking
해설 dog와 bark는 능동의 관계이므로 현재분사가 적절하다.
해석 짖는 개는 물지 않는다.

03 **정답** disappearing
해설 disappear는 자동사이므로 분사로 만들 때 현재분사만 가능하다.
해석 나는 아마존 강의 실종된 탐험대에 관한 이야기에 관심이 있다.

04 **정답** used
해설 use와 car은 수동의 관계이므로 과거분사가 적절하다.
해석 그는 중고차를 싼 가격에 샀다.

05 **정답** boiled
해설 boil과 egg는 수동의 관계이므로 과거분사가 적절하다.
해석 그 가게에서는 삶은 달걀을 판다.

06 **정답** sitting / seated
해설 sit/seat ~ bench가 the lady를 후치수식하는 분사덩어리이다. sit은 자동사이므로 현재분사만 가능하고, 타동사 seat은 목적어가 없으므로 과거분사가 적절하다.
해석 벤치에 앉아 있는 여자는 누구인가?

07 **정답** playing
해설 play the violin은 the girl을 후치수식하는 분사덩어리이다. 타동사 play의 목적어가 있으므로 현재분사가 적절하다.
해석 바이올린을 연주하는 그 소녀는 내 동생이다.

08 **정답** making
해설 make ~ factory가 workers를 후치수식하는 분사덩어리이다. 타동사 make의 목적어가 있으므로 현재분사가 적절하다.
해석 이 공장에는 물건을 만드는 노동자가 많다.

09 **정답** made
해설 make ~ China가 computers를 후치수식하는 분사덩어리이다. 타동사 make의 목적어가 없으므로 과거분사가 적절하다.
해석 중국에서 만들어진 컴퓨터가 많다.

10 **정답** writing
해설 write ~ here은 the child를 후치수식하는 분사덩어리이다. 타동사 write의 목적어가 있으므로 현재분사가 적절하다.
해석 여기서 편지를 쓰고 있는 아이는 Mary다.

11 **정답** written
해설 write ~ English는 books를 후치수식하는 분사덩어리이다. 타동사 write의 목적어가 없으므로 과거분사가 적절하다.
해석 그 아이는 영어로 쓰인 책을 많이 가지고 있었다.

12 The man (introducing / introduced) the book to me is a teacher.

13 His sister (introducing / introduced) to me is very beautiful.

14 That book (belonging / belonged) to the library was stolen by someone.

15 I'll take care of the children (remaining / remained) in the hall.

16 She has (amazing / amazed) powers of recall.

17 We were (amazing / amazed) by his generosity.

18 I found the car (parking / parked) near the lake.

19 I left the girl (crying / cried) in the room.

20 He is a (retiring / retired) soldier who fought in Malaysia and India in the Second World War.

21 Rescue planes are trying to locate the (missing / missed) sailors.

22 I need some more (detailing / detailed) description of the case.

ANSWER

12 | 정답 | introducing
| 해설 | introduce ~ to me는 the man을 후치수식하는 분사덩어리이다. 타동사 introduce의 목적어가 있으므로 현재분사가 적절하다.
| 해석 | 나에게 책을 소개한 남자는 선생님이다.

13 | 정답 | introduced
| 해설 | introduce ~ me는 his sister을 후치수식하는 분사덩어리이다. 타동사 introduce의 목적어가 없으므로 과거분사가 적절하다.
| 해석 | 나에게 소개된 그의 누나는 매우 아름답다.

14 | 정답 | belonging
| 해설 | belong ~ library는 that book을 후치수식하는 분사덩어리이다. belong은 자동사이므로 현재분사만 가능하다.
| 해석 | 그 도서관에 속한 책이 누군가에게 도난당했다.

15 | 정답 | remaining
| 해설 | remain ~ hall은 the children을 후치수식하는 분사덩어리이다. remain은 자동사이므로 현재분사만 가능하다.
| 해석 | 나는 홀에 남은 아이들을 돌볼 것이다.

16 | 정답 | amazing
| 해설 | amaze가 powers를 수식하므로 현재분사가 옳다.
| 해석 | 그녀는 놀라운 기억력을 가지고 있다.

17 | 정답 | amazed
| 해설 | amaze가 사람인 we를 수식하므로 과거분사가 옳다.
| 해석 | 우리는 그의 관대함에 감동했다.

18 | 정답 | parked
| 해설 | park ~ lake는 the car을 수식하는 목적격 보어 자리에 쓰인 분사이다. 타동사 park의 목적어가 없으므로 과거분사가 적절하다.
| 해석 | 나는 호수 근처에 주차된 차를 발견했다.

19 | 정답 | crying
| 해설 | cry ~ room은 the girl을 수식하는 목적격 보어 자리에 쓰인 분사이다. cry는 자동사이므로 현재분사가 가능하다.
| 해석 | 나는 방에서 울고 있는 그 소녀를 두고 나왔다.

20 | 정답 | retired
| 해설 | retired(은퇴한)은 암기분사이다.
| 해석 | 그는 말레이시아와 인도에서 싸운 퇴역 군인이다.

21 | 정답 | missing
| 해설 | missing(사라진)은 암기분사이다.
| 해석 | 구조 비행기들은 실종된 선원들을 찾으려 노력하고 있다.

22 | 정답 | detailed
| 해설 | detailed(자세한)은 암기분사이다.
| 해석 | 나는 사건에 대한 더 상세한 설명이 필요하다.

EXERCISE ❷

다음 문장의 옳고 그름을 판단하고, 틀린 부분을 옳게 고치시오. (01~52)

01 I had my watch repaired.

02 Look at the boy sleeps under the tree.

03 This is a book writing in easy English.

04 I saw her cooking in the kitchen.

05 Father made her cleaning the room.

06 You should throw away a broken vase.

✓ *vase* 꽃병

07 A few pages of this report are missed.

08 The young man lives in that house is an American.

09 Look at the mountain top covered by snow.

10 This is the book giving to me by my uncle.

ANSWER

01 **정답** ○
해설 사역동사 have가 쓰였다. watch와 repair은 수동의 관계이므로 p.p형태가 적절하다.
해석 나는 내 시계를 수리했다.

02 **정답** sleeps → sleeping
해설 sleep ~ tree는 the boy를 후치수식하는 분사형태여야 옳다.
해석 나무 아래에서 자고 있는 소년을 봐라.

03 **정답** writing → written
해설 write ~ English는 a book을 후치수식하는 분사이다. 타동사 write의 목적어가 없으므로 p.p형태가 적절하다.
해석 이것은 쉬운 영어로 쓰인 책이다.

04 **정답** ○
해설 지각동사 see가 쓰였다. her과 cook은 능동의 관계이므로 동사원형 또는 현재분사 형태가 적절하다.
해석 나는 그녀가 부엌에서 요리하는 것을 보았다.

05 **정답** cleaning → clean
해설 사역동사 make가 쓰였다. her과 clean은 능동의 관계이므로 동사원형이 적절하다.
해석 아버지는 그녀에게 방을 청소하게 했다.

06 **정답** ○
해설 broken은 vase를 수식하는 분사이다. break와 vase는 수동의 관계이므로 과거분사가 적절하다.
해석 당신은 깨진 꽃병을 버려야 한다.

07 **정답** missed → missing
해설 '사라진'은 암기분사 missing으로 표현해야 한다.
해석 이 보고서의 몇 페이지가 없어진 상태이다.

08 **정답** lives → living
해설 live ~ house는 the young man을 후치수식하는 분사이다. live는 자동사이므로 현재분사형이 적절하다.
해석 저 집에 사는 젊은 남자는 미국인이다.

09 **정답** by → with
해설 be covered with : ~로 뒤덮이다
해석 눈으로 덮인 산꼭대기를 봐라.

10 **정답** giving → given
해설 giving ~ uncle은 the book을 후치수식하는 분사덩어리이다. give는 타동사이고 목적어가 없으므로 수동의 과거분사가 적절하다.
해석 이것은 삼촌에 의해 내게 주어진 책이다.

11 This is the church was built three years ago.

12 The field was full of the dead and the died.

13 He sent me an e-mail written in English.

14 Risen up early in the morning, he felt tiring.

15 People lived in a city barely knows the pleasure of country life.

16 Bats are surprisingly long-lived creatures.

17 The fact that he said made the crowd confusing.

18 Those books shown to us by him are very interested.

19 She was very surprising to know the fact.

20 The fact was very surprised.

ANSWER

11 **정답** was 삭제
해설 was built ~ ago는 the church를 후치수식하는 분사덩어리여야 한다. be p.p는 본동사
형태이고, 분사의 수동형은 과거분사(p.p)만 써야 하므로 be동사인 was는 생략한다.
해석 이것은 3년 전에 지어진 교회이다.

12 **정답** died → dying
해설 'the + 형용사'로 '~한 사람들'을 표현했다. 여기에서 die는 자동사이므로 현재분사 형태만
가능하다. die의 현재분사는 dying으로 약간의 철자변화를 수반한다.
해석 들판은 죽은 사람들과 죽어가는 사람들로 가득했다.

13 **정답** ○
해설 수동의 과거분사인 written ~ English가 an e-mail을 수식하는 것을 적절하다.
해석 그는 영어로 쓰인 이메일을 나에게 보냈다.

14 **정답** Risen up → Having risen, tiring → tired
해설 • Risen ~ morning은 분사구문이다. rise는 자동사이므로 현재분사형태가 필요하고, 주절
보다 분사구문이 확연한 과거의 일이므로 완료분사구문으로 표현해야 적절하다.
• tiring은 감정분사이다. he를 수식하기 위해서는 tired가 적절하다.
해석 아침 일찍 일어난 그는 피곤함을 느꼈다.

15 **정답** lived → living, knows → know
해설 • lived ~ city는 people을 후치수식하는 분사이다. 자동사인 live는 현재분사로 표현한다.
• 주어는 people로 복수이다. 동사 역시 복수로 수일치한다.
해석 도시에 사는 사람들은 시골 생활의 즐거움을 거의 모른다.

16 **정답** ○
해설 '장수하는, 오래가는'은 long-lived로 표현해야 하고, 분사를 수식하는 것은 부사이므로
surprisingly 역시 적절하다.
해석 박쥐는 놀라울 정도로 오래 사는 생물이다.

17 **정답** confusing → confused
해설 감정분사 confusing이 the crowd(군중)을 수식하기 위해서는 과거분사 형태가 필요하다.
해석 그가 한 말은 군중을 혼란스럽게 만들었다.

18 **정답** interested → interesting
해설 books를 수식하는 감정분사는 interesting이 적절하다.
해석 그가 우리에게 보여준 책들은 매우 흥미롭다.

19 **정답** surprising → surprised
해설 she를 수식하는 감정분사는 surprised가 적절하다.
해석 그녀는 그 사실을 알고 매우 놀랐다.

20 **정답** surprised → surprising
해설 The fact를 수식하는 감정분사는 surprising가 적절하다.
해석 그 사실은 매우 놀라웠다.

21 Long ago, there lived a boy called Ben in a town.

22 Sorrows shared relieve the burden.

23 It is the work demanded the highest skill.

24 The law restricting the export of weapons need to be abrogated.
✔ *restrict* 제한하다　✔ *export* 수출　✔ *weapons* 무기　✔ *abrogate* 폐지하다

25 It was an exciting game and all the spectators grew excited.
✔ *spectator* 관중

26 I'm just a retiring teacher living off my state pension.
✔ *live off* ~를 먹고 살다　✔ *a state pension* 국가 연금

27 I found the car parking near the lake.

28 Two cars traveling at a high speed has crashed into each other.
✔ *crash* 충돌하다

29 Every day I watched the plane taking off into the sky.
✔ *take off* 이륙하다

30 Since falling ill, he stayed home all day.

ANSWER

21 【정답】 ○
【해설】 called ~ town은 a boy를 수식하는 과거분사이다. 소년이 불리워지는 수동의 관계이므로 과거분사가 적절하다.
【해석】 오래 전에 Ben이라는 소년이 마을에 살았다.

22 【정답】 ○
【해설】 shared는 Sorrows를 후치수식하는 분사이다. 타동사 share의 목적어가 없이 쓰였으므로 과거분사형은 적절하다.
【해석】 나눌 수 있는 슬픔은 부담을 덜어준다.

23 【정답】 demanded → demanding
【해설】 demanded ~ skill은 the work를 후치수식하는 분사이다. 타동사 demand의 목적어가 있으므로 현재분사가 필요하다.
【해석】 그것은 가장 높은 기술을 요구하는 작업이다.

24 【정답】 need → needs
【해설】 restricting ~ weapons는 the law를 후치수식하는 덩어리이다. 주어는 the law로 단수이므로, 동사 역시 단수형인 needs가 적절하다.
【해석】 무기 수출을 제한하는 법은 폐지되어야 한다.

25 【정답】 ○
【해설】 game을 꾸며주는 exciting, spectators를 꾸며주는 excited 모두 적절하다.
【해석】 그것은 흥미진진한 경기였고 모든 관중들이 흥분했다.

26 【정답】 retiring → retired
【해설】 '은퇴한'은 암기분사 retired로 표현해야 한다.
【해석】 나는 그저 국가 연금으로 생활하는 은퇴한 교사이다.

27 【정답】 parking → parked
【해설】 목적격 보어 자리에 분사 덩어리인 parking ~ lake가 쓰였다. 타동사 park의 목적어가 없으므로 수동의 과거분사가 적절하다.
【해석】 나는 호수 근처에 주차된 차를 발견했다.

28 【정답】 has → have
【해설】 주어가 two cars로 복수이다. 따라서 복수동사인 have crashed가 적절하다.
【해석】 고속으로 달리던 두 대의 차량이 서로 충돌했다.

29 【정답】 ○
【해설】 지각동사 watch가 쓰였다. the plane과 take off(출발하다, 이륙하다)는 능동의 관계이므로 동사원형과 현재분사가 모두 가능하다.
【해석】 나는 매일 하늘로 이륙하는 비행기를 보았다.

30 【정답】 ○
【해설】 since ~ ill은 분사구문이다. fall은 자동사이므로 현재분사로 표현해야 한다.
【해석】 병이 난 이후로 그는 하루 종일 집에 머물렀다.

31 Going home, I met a friend of my father's.

32 Have no money, I could not buy the book.

33 If turning to the right, you will find the station.

34 Said that he was very sorry, he gave the money to her.

35 Considered his age, he cannot have done it.

36 Seeing from a distance the magnificent view, he felt enthusiasm coming up from deep inside.
> ✓ *from a distance* 멀리에서　✓ *magnificent* 멋진, 장엄한　✓ *enthusiasm* 열정

37 Being a fine day, I went out for a walk.

38 Knowing not the road, I lost my way.

39 With the coach scoring them, the players did their best on the ground.
> ✓ *score* 채점하다

40 Being rich, he was envied by them.

ANSWER

31 **정답** ○
해설 Going home은 분사구문이다. 자동사인 go가 현재분사로 쓰였으므로 적절하다.
해석 집에 가면서 나는 아버지 친구를 만났다.

32 **정답** Have → Having
해설 Have no money는 분사구문 형태로 바뀌어야 한다.
해석 돈이 없어서 그 책을 살 수 없었다.

33 **정답** ○
해설 If ~ right는 분사구문이다. '~쪽으로 돌다'라고 해석되는 turn은 자동사이므로 현재분사는 적절하다.
해석 오른쪽으로 돌면 역을 찾을 수 있을 것이다.

34 **정답** Said → Saying
해설 Said ~ sorry는 분사구문이다. 타동사 say가 that절 목적어를 가지고 있으므로 능동의 현재분사가 필요하다.
해석 매우 미안했다고 말하면서, 그는 그녀에게 돈을 주었다.

35 **정답** Considered → Considering
해설 '~를 고려했을 때'는 Considering ~으로 표현한다.
해석 그의 나이를 고려했을 때, 그는 그것을 했을 리 없다.

36 **정답** ○
해설 Seeing ~ view는 분사구문이다. 타동사 see의 목적어(the magnificent view)가 존재하므로 능동의 현재분사가 필요하다.
해석 멀리서 그 장엄한 광경을 보면서, 그는 깊은 곳에서 열정이 솟구치는 것을 느꼈다.

37 **정답** Being → It being
해설 독립 분사구문이다. 분사구문인 Being ~ day의 주어는 날씨를 나타내는 비인칭주어 it이고, 이는 주절 주어인 I와 다르므로 생략하지 말고 표기해야 한다.
해석 좋은 날이라서 나는 산책하러 나갔다.

38 **정답** Knowing not → Not knowing
해설 준동사를 부정하는 not은 앞에 놓인다.
해석 길을 몰라서 나는 길을 잃었다.

39 **정답** ○
해설 with 부대상황 분사구문이다. the coach와 score(채점하다)는 능동의 관계이므로 현재분사는 적절하다.
해석 코치가 그들을 채점하는 상태에서, 선수들은 그라운드 위에서 최선을 다했다.

40 **정답** ○
해설 Being rich는 분사구문이다. be동사는 자동사이므로 현재분사가 적절하다.
해석 그는 부자여서 그들에게 부러움을 샀다.

41 Having rained all night, the road was muddy.

42 He was reading a newspaper, his wife knitting beside him.

43 Other conditions being equal, this is better than that.

44 Weather permitting, I will start tomorrow.

45 Comparing with his brother, he is very clever.

46 A ball flew into the room, broken the vase on the table.

47 Henry is leaning back in his chair with his eyes closing and his feet on the desk.

✓ *lean back 뒤로 기대다*

48 The girl picked the petals off the daisy is my sister.

✓ *petal 꽃잎*　✓ *pick off 떼어내다*

49 The baby fell asleep with her sing lullaby.

✓ *fall asleep 잠들다*　✓ *lullaby 자장가*

50 She was seating with her arms cross, staring at him.

✓ *stare 바라보다*

51 Having written in easy English more than a century ago, the book still sells well.

ANSWER

41 **정답** ○
해설 완료분사구문 Having rained는 적절하다.
해석 밤새 비가 내렸기 때문에, 도로가 진흙투성이였다.

42 **정답** ○
해설 독립분사구문이다. 분사구문의 주어인 his wife가 주절 주어인 he와 다르므로 표기한 것이 적절하다.
해석 그는 신문을 읽고 있었고 그의 아내는 옆에서 뜨개질을 하고 있었다.

43 **정답** ○
해설 독립분사구문이다. 분사구문의 주어인 Other conditions가 주절 주어인 this와 다르므로 표기한 것이 적절하다.
해석 다른 조건이 같다면, 이것이 저것보다 낫다.

44 **정답** ○
해설 독립분사구문이다. 분사구문의 주어인 Weather은 주절 주어인 I와 다르므로 표기한 것이 적절하다.
해석 날씨가 허락한다면, 내일 시작할 것이다.

45 **정답** Comparing → Compared
해설 Comparing with his brother은 분사구문이다. 타동사 compare의 목적어가 없으므로 수동의 과거분사가 필요하다.
해석 그의 형과 비교하면, 그는 매우 똑똑하다.

46 **정답** broken → breaking
해설 broken ~ table은 분사구문이다. 타동사 break의 목적어가 있으므로 현재분사가 필요하다.
해석 공이 방으로 날아와서 탁자 위의 꽃병을 깨뜨렸다.

47 **정답** closing → closed
해설 '눈을 감은 채로'는 with his eyes closed가 옳다.
해석 Henry는 의자에 기대어 눈을 감고 발을 책상 위에 올렸다.

48 **정답** picked → picking
해설 picked ~ daisy는 the girl을 후치수식하는 분사이다. 타동사 pick의 목적어가 있으므로 현재분사가 적절하다.
해석 데이지 꽃잎을 뗀 소녀는 내 여동생이다.

49 **정답** sing → singing
해설 with 부대상황 분사구문이다. her과 sing은 능동의 관계이므로 현재분사가 필요하다.
해석 그녀가 자장가를 부르는 상태에서 아기는 잠들었다.

50 **정답** seating → sitting, cross → crossed
해설 • 목적어가 없는 문장이므로 타동사 seat보다는 자동사 sit이 적절하다.
• '팔짱을 낀 채로'는 with her arms crossed가 적절하다.
해석 그녀는 팔짱을 끼고 앉아 그를 응시하고 있었다.

51 **정답** Having written → Having been written
해설 Having written은 완료분사구문의 능동형이다. 타동사 write의 목적어가 존재하지 않으므로 수동의 완료분사구문이 필요하다.
해석 백 년 이상 전에 쉬운 영어로 쓰여진 그 책은 아직도 잘 팔린다.

관계사

1 관계사의 베이스 쌓기

(1) 관계사

① 꾸며주는 대상인 선행사와 뒤에 따르는 문장으로 이루어진 구조를 취한다.

② 뒤에 따르는 문장의 완결성에 따라 관계대명사를 쓸지, 관계부사를 쓸지가 결정된다.

③ 각 관계대명사 또는 관계부사 중 어떤 것을 쓸지를 결정하는 것은 선행사이다.

1	관계대명사	정의	선행사 (관계대명사 + 불완전한 문장)
		종류	who, whom, whose, which, that, what
2	관계부사	정의	선행사 (관계부사 + 완전한 문장)
		종류	when, where, why, how

(2) 문장의 완결성 따지기

① 완벽한 문장 (完) : 필요한 주어와 목적어가 모두 있는 문장

② 불완전한 문장 (不) : 주어 또는 목적어가 빠진 문장

[EXERCISE] 다음 문장의 완결성을 판단해 보시오.	
① likes you	⑪ I have punished
② she likes	⑫ I have been punished
③ he lives	⑬ I have been punished for
④ he lives in	⑭ I have been punished for arresting
⑤ we enjoy watching	⑮ he enjoys listening
⑥ I like to visit	⑯ she refused to make
⑦ he showed me	⑰ the war broke out
⑧ I laughed	⑱ they broke in
⑨ I laughed at	⑲ we were taken care of
⑩ I was laughed at	⑳ I was made fun of

⑶ that의 여러 가지 쓰임

① that은 관계대명사 이외에도 다양한 쓰임새를 가지고 있다.

② that은 중요한 출제의 타겟이므로 각각의 성질과 용법을 구분하는 것이 중요하다.

1	관계대명사 that	사람 또는 사물인 선행사를 취하며, 이하에 불완전한 문장이 필요하다.
2	동격의 that	추상명사를 선행사로 취하며, 이하에 완전한 문장이 필요하다.
3	명사 취급 that	완벽한 문장 앞에 쓰여 명사절을 만든다.
4	지시대명사 that	단수 명사와 함께 쓰이거나, 단수 명사를 지칭할 때 쓴다.

예 01 I have the book that she loves.
나는 그녀가 좋아하는 그 책을 가지고 있다.

예 02 The student that he met yesterday looked diligent.
그가 어제 만난 그 학생은 성실해 보였다.

예 03 I know the fact that he wasted all the money.
나는 그가 돈을 모두 낭비했다는 사실을 알고 있다.

예 04 The rumor that he was released was true.
그가 풀려났다는 루머는 사실이었다.

예 05 That he is smart turned out to be true.
그가 똑똑하다는 것은 사실로 드러났다.

예 06 She said that the actors were criticized.
그녀는 배우들이 비난을 받았다고 말했다.

예 07 That is my car.
저것이 내 차다.

2 관계대명사의 기본

관계대명사는 크게 다음과 같이 구분될 수 있다.
- 뒤에 주어가 빠진 불완전한 문장일 경우: 주격 관계대명사
- 뒤에 목적어가 빠진 불완전한 문장일 경우: 목적격 관계대명사

선행사	구분	문장
사람	who	주어가 빠진 不
사람	whom	목적어가 빠진 不
사람, 사람 ×	whose	完
사람 ×	which	不
사람, 사람 × 사람 + 사람 × the 최상급 형용사 + N the 서수 + N the same + N the very + N the only + N	that	不
×	what	不

(1) who, whom, whose

　① who (주격 관계대명사)

　　예 08 I met a writer <u>and he</u> wrote books for children.

　　　= I met a writer <u>who</u> wrote books for children.
　　　나는 아이들용 책을 쓴 작가를 만났다.

　　예 09 I have a friend who loves to talk with me.
　　　나와 수다 떠는 것을 정말 좋아하는 친구가 있다.

　② whom (목적격 관계대명사)

　　예 10 I met a writer <u>and</u> you wanted to see <u>him</u>.

　　　= I met a writer <u>whom</u> you wanted to see.
　　　나는 네가 만나고 싶어한 작가를 만났다.

　　예 11 The man whom you talked to in the cafe is a famous singer.
　　　네가 카페에서 말을 시킨 그 사람은 유명한 가수이다.

③ whose (소유격 관계대명사)

- 사람, 사람이 아닌 것 둘 다 수식할 수 있다.
- 관계대명사임에도 이하에 완벽한 문장이 온다는 점에 유의한다.
- 선행사가 사람이 아닌 것일 경우 : whose 명사 = of which the 명사

예 12 I have a friend <u>and her</u> smile is really charming.

= I have a friend <u>whose</u> smile is really charming.
나는 미소가 정말로 매력적인 친구를 가지고 있다.

예 13 A child whose parents are dead is called an orphan.
부모님이 돌아가신 아이는 고아라고 불린다.

예 14 He bought a book <u>whose(= of which the)</u> cover is red.
그는 커버가 빨간색인 책을 샀다.

예 15 This is the picture <u>whose(= of which the)</u> price is very high.
이것은 가격이 매우 비싼 그림이다.

(2) which (주격/목적격 관계대명사)

① 선행사가 사람이 아니면서 뒤에 불완전한 문장이 올 때 쓰인다.

예 16 I like the book which is written in English.
나는 영어로 쓰인 책을 좋아한다.

예 17 I like the book which she bought me.
나는 그녀가 내게 사준 책을 좋아한다.

② 선행사가 문장 전체이거나 일부일 때에는 which만이 가능하다.

예 18 I told a lie, which made my father angry.
내가 거짓말을 했는데, 그것이 아버지를 화나게 만들었다.

③ which는 콤마나 전치사 뒤에 쓰일 수 있다.

예 19 He sold the books, which were in the basement.
그는 책을 팔았는데, 그것들은 지하실에 있었다.

예 20 I will go back to the country in which I was born.
나는 내가 태어난 나라로 돌아갈 것이다.

⑶ that (주격/목적격 관계대명사)

① 선행사가 사람일 때나 사람이 아닐 때나 모두 쓸 수 있다.

예 21 I know the girl that you are interested in.
나는 네가 관심 있는 그 소녀를 안다.

예 22 I will buy you the coat that looked good on you.
나는 네게 잘 어울렸던 그 코트를 사 줄 것이다.

② 선행사가 다음과 같을 때엔, 다른 선행사 말고 that만 가능하다.

- 사람＋사람 ×
- the 최상급 형용사＋N
- the 서수＋N
- the same / the very / the only＋N

예 23 I wrote a story about a boy and his dog that lived together.
나는 함께 살았던 소년과 그의 강아지에 대한 이야기를 썼다.

예 24 She is the best student that I have met.
그녀는 내가 만난 최고의 학생이다.

예 25 He is the first student that I have taught.
그는 내가 가르친 첫 학생이다.

예 26 Look at the very tree that sits on the hill.
언덕 위에 있는 바로 그 나무를 보아라.

③ 관계대명사 that은 콤마와 전치사 뒤에 쓰일 수 없다.

예 27 The subject in that she is interested is Psychology.
(×: that → which)
그녀가 관심이 있는 그 과목은 심리학이다.

예 28 He had two sons, that became scholars. (×: that → who)
그에게는 학자가 된 두 아들이 있었다.

(4) what

① 관계대명사 what

- 선행사가 있으면 옳지 않은 쓰임이 된다.
- [what + 불완전한 문장]은 명사 취급이 되므로 주어, 목적어, 보어 자리에 자유롭게 쓰일 수 있다.

예29 What he proposed sounds interesting.
그가 제안한 것이 흥미롭게 들린다. (what he proposed = his proposal)

예30 I know what you have in your mind.
나는 네가 무슨 생각을 하고 있는지 알고 있다.

예31 He told me what he wanted to have.
그는 내게 그가 가지고 싶은 것을 말했다.

예32 Those interested in what you have invented will contact you.
네가 발명한 것에 관심이 있는 사람들이 네게 연락할 것이다.

예33 What you see is what you believe.
네가 보는 것이 곧 믿는 것이다. (백문이 불여일견)

② what의 관용적 표현

1	what one is	그 사람의 인격
2	what one have	그 사람의 재산
3	what is called, what you call	소위, 이른바
4	what is 비교급	더욱 ~한 것은
5	A is to B what(= as) C is to D	A와 B의 관계는 C와 D의 관계와 같다

예34 Chameleons protect themselves by what is called protective coloring.
카멜레온들은 이른바 보호색이라고 하는 것으로 자신을 방어한다.

예35 Reading is to the mind what exercise is to the body.
독서와 정신의 관계는 운동과 신체의 관계와 같다.

3 관계대명사의 응용

(1) 주격 관계대명사의 수일치

관계대명사 뒤에 주어가 빠진 불완전한 문장이 놓이면 (주격 관계대명사가 쓰이면), 관계대명사 뒤에 동사가 오게 되는데, 이 동사는 선행사와 수일치가 이루어져야 한다.

예36 I met a friend who is living in Busan.
나는 부산에 사는 친구를 만났다.

예37 I met some friends who are living in Busan.
나는 부산에 사는 친구들을 만났다.

예38 The house had all the conveniences that were unusual at that time.
그 집안에는 그 당시에는 드물던 모든 편의 시설들이 다 있었다.

예39 Ted is singing the song with his friends which makes me happy.
Ted는 친구들과 나를 행복하게 만들어주는 노래를 부르고 있다.

(2) 관계대명사의 생략

① [주격 관계대명사 + be 동사]는 생략할 수 있다.

예40 The men who were building the houses were well paid.
= The men building the houses were well paid.
집을 짓는 그 사람들은 돈을 잘 번다.

예41 Edison invented the phonograph which was patented in 1878.
= Edison invented the phonograph patented in 1878.
에디슨은 1878년에 특허를 받은 축음기를 발명했다.

② [목적격 관계대명사]는 생략할 수 있다.

예42 The girl whom you met in the book store is Kate.
= The girl you met in the book store is Kate.
네가 서점에서 만난 그 소녀는 Kate이다.

예43 I have a meeting that I have to attend.
= I have a meeting I have to attend.
나는 참석해야만 하는 회의가 있다.

(3) 전치사 + 관계대명사

① 전치사 + which / whom + 완벽한 문장

예44 The scarf which you looked for is in the drawer.

= The scarf for which you looked is in the drawer.
네가 찾던 스카프가 서랍 속에 있다.

예45 I have an opinion which he objects to.

= I have an opinion to which he objects.
나는 그가 반대하는 의견을 가지고 있다.

② 전치사 + what + 불완전한 문장

예46 We are paying attention to what he says.
우리는 그가 말하는 것에 집중하고 있다.

예47 Let's talk about what interests us these days.
요즘에 우리의 흥미를 끄는 것에 대해서 이야기를 나누어 보자.

(4) 유사 관계대명사 but

유사관계대명사 but은 주어가 빠진 불완전한 문장과 결합하여 부정의 선행사를 수식한다.

예48 There is no rule but has exceptions.
예외 없는 규칙은 없다.

예49 There is no man but loves his own country.
자기의 조국을 사랑하지 않는 사람은 없다.

예50 There are few people but know his name.
그의 이름을 알지 못하는 사람들이 거의 없다.

(5) 관계대명사의 삽입절

① 선행사 (주격 관계대명사 S + V + V)

② 선행사 (목적격 관계대명사 S + V + S + V)

③ 선행사 (목적격 관계대명사 S + V to be V)

예51 The man <u>who I thought was honest</u> turned out to be a swindler.
내 생각에는 정직했던 그 사람은 사기꾼으로 드러났다.

예52 The man <u>whom I thought to be honest</u> turned out to be a swindler.
내 생각에는 정직했던 그 사람은 사기꾼으로 드러났다.

예53 We hired the guys <u>who we believed were well qualified</u>.
우리는 자격을 잘 갖추었다고 믿었던 사람들을 채용했다.

예54 We hired the guys <u>whom we believed to be well qualified</u>.
우리는 자격을 잘 갖추었다고 믿었던 사람들을 채용했다.

4 관계부사의 기본

선행사	구분	문장
시간	when	完
장소	where	完
이유 (the reason)	why	完
방법 (the way)	how	完

(1) 선행사와 관계부사 둘 중 하나를 생략할 수 있다.

(2) 관계부사는 전치사＋which로 바꾸어 쓸 수 있다.

(3) the way와 how는 나란히 쓸 수 없다.

예 55 This is the place where he was born.

= This is where he was born. ((1)-1)

= This is the place he was born. ((1)-2)

= This is the place in which he was born. ((2)-1)

= This is the place which he was born in. ((2)-2)
여기가 그가 태어난 장소이다.

예 56 I remember the day when I first met you.

= I remember when I first met you. ((1)-1)

= I remember the day I first met you. ((1)-2)

= I remember the day on which I first met you. ((2)-1)

= I remember the day which I first met you on. ((2)-2)
나는 내가 널 처음 만난 날을 기억한다.

예 57 I don't know the reason why he was late.

= I don't know why he was late. ((1)-1)

= I don't know the reason he was late. ((1)-2)

= I don't know the reason for which he was late. ((2)-1)

= I don't know the reason which he was late for. ((2)-2)
나는 그가 늦은 이유를 모른다.

예 58 Kate told me the way how she made the dish. (×: (3))

= Kate told me how she made the dish. ((1)-1)

= Kate told me the way she made the dish. ((1)-2)

= Kate told me the way in which she made the dish. ((2)-1)

= Kate told me the way which she made the dish in. ((2)-2)
Kate는 그가 요리한 방법을 말해 주었다.

5 관계부사의 응용

(1) how는 문장 속에서 명사취급을 받는다.

1	how to V	어떻게 V할지
2	how S + V	어떻게 S가 V하는지
3	how 형/부 S + V	얼마나 형/부하게 S가 V하는지

예 59 I know how to make you laugh.
나는 어떻게 너를 웃게 만들 수 있는지를 알아.

예 60 I want to know how they solved the problem.
나는 어떻게 그들이 문제를 해결했는지를 알고 싶다.

예 61 I want to know how fast they solved the problem.
나는 얼마나 빨리 그들이 문제를 해결했는지를 알고 싶다.

(2) however는 문장 속에서 접속사 역할을 한다. (= no matter how)

1	however, S + V	그러나
2	however 형/부 S + V, S + V	아무리 형/부하게 S가 V하더라도,

예 62 However, giving up is not an option.
그러나, 포기란 없다.

예 63 However hungry you may be, you must eat slowly.
아무리 배가 고프더라도 천천히 먹어야 한다.

(3) when은 문장 속에서 세 가지 역할을 한다.

1	종속접속사 when	when s + v, / S + V	S가 V했을 때
2	관계부사 when	시간 (when s + v)	S가 V한 시간
3	명사취급 when	[when s + v]	언제 S가 V하는지

예 64 I will give the blanket back when I finish using it.
담요를 다 쓰면 네게 돌려줄게.

예 65 When he heard the news, he was about to hit the ceiling.
그가 그 소식을 들었을 때, 그는 화를 내기 직전이었다.

예 66 Sunday is the day when I'm not so busy.

= Sunday is when I'm not so busy.
일요일은 내가 별로 바쁘지 않은 날이다.

예 67 I don't know when she will come back.
나는 그녀가 언제 돌아올지를 모른다.

(4) 복합관계사

1	whoever	[명　사] ~하는 사람은 누구든지(= anyone who)
		[종속절] 누가 ~할지라도
2	whomever	[명　사] ~하는 사람은 누구든지(= anyone whom)
		[종속절] 누구를 ~할지라도
3	whosever	[명　사] 누구의 ~이든지
		[종속절] 누구의 ~라 할지라도
4	whichever	[명　사] ~하는 무엇이든지(= anything which)
		[종속절] 어느 것이 ~할지라도
5	whatever	[명　사] ~하는 무엇이든지(= anything that)
		[종속절] 무엇이 ~할지라도
6	whenever	[종속절] 언제 ~한다 할지라도, ~할 때마다
7	wherever	[종속절] 어디서 ~한다 할지라도

예 68 Whoever comes first will win the prize.
누구든 제일 먼저 오는 사람이 상을 탈 것이다.

예 69 Whoever they are, I don't want to see them.
그들이 누구든, 나는 그들을 만나고 싶지 않다.

예 70 You are free to marry whomever you choose.
너는 누구든지 네가 선택하는 사람과 자유롭게 결혼을 할 수 있다.

예 71 You can take whichever you like.
너는 네가 좋아하는 것이 무엇이든 가져갈 수 있다.
= 아무거나 마음에 드는 것을 가져가세요.

예 72 You can take whichever way you like.
네가 원하는 어떤 길이든 선택할 수 있다.

예 73 Whichever they choose, we must accept their decision.
그들이 무엇을 선택하든, 우리는 그들의 결정을 받아들여야 한다.

예 74 Whichever menu you may choose, you will be satisfied.
어떤 메뉴를 선택하든, 당신은 만족할 것이다.

예 75 I believe whatever you say.
네가 무엇을 이야기 하든 나는 그것을 믿을 것이다.

예 76 Whatever you do, I will support you.
네가 무엇을 하든, 나는 너를 지지할 것이다.

예 77 Whatever subject you study, I will help you.
어떤 과목을 네가 공부하든, 나는 너를 도울 것이다.

예 78 Whenever you visit me, I will always welcome you.
언제 네가 나를 방문하든, 나는 언제나 너를 반길 것이다.

예 79 Wherever she goes, there are crowd waiting to see her.
그녀가 어디로 가든, 그녀를 보기 위해 기다리는 사람들이 있다.

EXERCISE

다음 문장의 옳고 그름을 판단하고, 틀린 부분을 옳게 고치시오. (01~24)

01 I have a friend whose dog is very cute.

02 The book of which they chose were written in English.

03 I heard the news in which she got married.

04 The houses that belongs to him located near Seoul.

05 I have that you need.

06 The man I met him yesterday want to see you.

07 Find those who are sure to help you.

✓ *be sure to V* 분명히 ~하다

08 I like the house which he lived in.

09 He showed me the picture he took in the garden.

10 This is the place where I have wanted to visit.

ANSWER

01 **정답** ○
해설 소유격 관계대명사 whose의 쓰임새는 적절하다.
해석 나는 (키우는) 개가 아주 귀여운 친구가 있다.

02 **정답** of which → which, were → was
해설 • they chose는 목적어가 빠진 불완전한 문장이므로 which가 필요하다.
• 주어인 the book이 단수이므로 동사도 단수로 수일치한다.
해석 그들이 선택한 책은 영어로 쓰여 있었다.

03 **정답** in which → that
해설 동격의 that이 필요한 문장이다.
해석 나는 그녀가 결혼했다는 소식을 들었다.

04 **정답** belongs → belong, located → are located
해설 • 주격 관계대명사 이하의 동사는 선행사에 수일치된다. the houses는 복수이므로 belong도
복수로 바꾼다.
• locate는 타동사이므로 목적어가 없을 경우 수동태로 표현한다.
해석 그가 소유한 집들은 서울 근처에 있다.

05 **정답** that → what
해설 you need는 불완전한 문장이므로 앞에 what을 붙여서 명사절을 만든다.
해석 나는 네가 필요한 것을 가지고 있다.

06 **정답** him 삭제
해설 the man 뒤에 목적격 관계대명사가 생략되어 있으므로, I met him yesterday는 목적어가
빠진 불완전한 문장이어야 한다.
해석 내가 어제 만난 남자가 너를 보고자 한다.

07 **정답** ○
해설 those who ~ : ~한 사람들
해석 확실히 너를 도와줄 사람들을 찾아라.

08 **정답** ○
해설 he lived in은 목적어가 빠진 불완전한 문장이므로 관계대명사 which 이하에 놓일 수 있다.
해석 나는 그가 살았던 집을 좋아한다.

09 **정답** ○
해설 the picture 뒤에 목적격 관계대명사가 생략되어 있다.
해석 그는 정원에서 찍은 사진을 내게 보여주었다.

10 **정답** where → which 또는 that
해설 I have wanted to visit는 목적어가 빠진 불완전한 문장이므로 관계부사인 where과는 쓰일
수 없다.
해석 여기가 내가 방문하고 싶었던 장소다.

11 The train ran over a man and his horse which were just crossing the track.

✔ *cross the track 기찻길을 건너다*

12 The man who I thought to be your brother proved to be a stranger.

13 I lost my way, that delayed me considerably.

✔ *considerably 상당히*

14 He returned to his native village, which he spent the last few years of his life.

15 The plan which were put forward by him sounded good.

✔ *put forward 제시하다*

16 Put the magazines back to where was it before.

✔ *put ~ back 가져다두다, 되돌려 놓다*

17 My father told me why should I apologize to him.

18 They created an environment in which productivity could flourish.

✔ *productivity 생산성* ✔ *flourish 번영/번성하다*

19 He deleted the file which I worked very hard.

20 There is no one but doesn't love his own country.

ANSWER

11 **정답** which → that
해설 선행사가 사람 + 사람이 아닌 것이므로 관계대명사 that이 적절하다.
해석 그 기차는 기찻길을 건너고 있던 남자와 그의 말을 치었다.

12 **정답** who → who(m)
해설 I thought to be your brother은 목적어가 빠진 불완전한 문장이므로 관계대명사 whom이 적절하다.
해석 내가 네 형제라고 생각했던 그 남자는 낯선 사람이었다.

13 **정답** that → which
해설 관계대명사 that은 콤마와 쓰일 수 없다. 앞 문장 전체를 선행사로 취할 때엔 관계대명사 which가 적절하다.
해석 길을 잃었는데 그것이 나를 상당히 지연시켰다.

14 **정답** which → where 또는 in which
해설 he spent the last few years of his life는 완벽한 문장이므로 관계부사 또는 전치사 + 관계대명사가 필요하다.
해석 그는 고향 마을로 돌아갔고, 그곳에서 생애 마지막 몇 년을 보냈다.

15 **정답** were → was
해설 주격 관계대명사 이하의 동사는 선행사에 수일치시킨다.
해석 그가 제시한 계획은 좋아 보였다.

16 **정답** was it → it was
해설 간접의문문에서는 주어 + 동사가 정치된 어순이 필요하다.
해석 잡지들을 원래 있던 곳으로 다시 가져다 놓아라.

17 **정답** why should I → why I should
해설 간접의문문에서는 주어 + 동사가 정치된 어순이 필요하다.
해석 아버지는 내가 그에게 왜 사과해야 하는지 말씀하셨다.

18 **정답** ○
해설 productivity could flourish는 완벽한 문장이므로 in which와 쓰일 수 있다.
해석 그들은 생산성이 번성할 수 있는 환경을 만들었다.

19 **정답** which → on which
해설 I worked very hard는 완벽한 문장이므로 전치사 + which가 필요하다.
해석 그는 내가 열심히 작업한 파일을 삭제했다.

20 **정답** doesn't love → loves
해설 유사관계대명사 but 이하에는 긍정문이 필요하다.
해석 자기 나라를 사랑하지 않는 사람은 없다.

21 We need to study how can we build a brand.

22 People forget how fast you did a job. They only remember how good you
did it.

23 Whenever you will hear the song, you'll be much moved.

24 However he tried hard, he could not find the solution.

ANSWER

21 **정답** can we → we can
 해설 간접의문문에서는 주어＋동사가 정치된 어순이 필요하다.
 해석 우리는 브랜드를 어떻게 만들 수 있는지 공부할 필요가 있다.

22 **정답** good → well
 해설 동사인 did를 수식하기 위해서 부사 well이 필요하다.
 해석 사람들은 네가 일을 얼마나 빨리 했는지는 잊는다. 그들은 네가 일을 얼마나 잘 했는지만
 기억한다.

23 **정답** will hear → hear
 해설 whenever는 시간접속사이므로 종속절에 미래시제를 쓸 수 없다.
 해석 그 노래를 들을 때마다, 너는 감동할 것이다.

24 **정답** However he tried hard → However hard he tried
 해설 However 형/부 S＋V : 아무리 [형/부]하게 [S＋V]하더라도
 해석 그가 아무리 열심히 노력하더라도, 해결책을 찾을 수 없었다.

김태은 영어

마지막 기본 영문법

기타 품사

명사와 관사

1 명사

(1) 영어에서 명사는 가산명사(셀 수 있는 명사)와 불가산명사(셀 수 없는 명사)로 나눈다.

구분	일반적인 특징
가산명사 (C)	• 가산명사는 앞에 a(n)를 붙여서 하나임을 표시할 수 있다. • 가산명사는 뒤에 ~(e)s를 붙여서 여러 개임을 표시할 수 있다.
불가산명사 (UC)	• 불가산명사는 단수와 복수 개념이 없으므로 a(n) 또는 -(e)s를 붙일 수 없다. • 불가산명사는 단수 취급한다.

① 불가산명사의 종류

> water (물), gold (금), salt (소금), sugar (설탕), sand (모래), money (돈),
> furniture (가구), bread (빵), advice (충고), information (정보), equipment (장비),
> evidence (증거), news (소식), weather (날씨), time (시간), work (일),
> homework (숙제), baggage (짐), luggage (짐)

예 01 We need a lot of waters. (×)
우리는 많은 물이 필요하다.

예 02 I will do a homework after dinner. (×)
나는 저녁식사 후에 숙제를 할 것이다.

예 03 He made the luggages carried. (×)
그는 짐이 운반되도록 만들었다.

② 불가산명사가 뜻이 달라질 경우 가산명사로 쓰이기도 한다.

> (1) paper ① (U) 종이 ② (C) 신문　　　　③ papers : 서류, 보고서, 문서
> (2) time ① (U) 시간 ② (C) 시대, 시절, 시기 ③ (C) ~번, ~배
> (3) work ① (U) 일 ② (C) 예술 작품

예 04 Volcanoes have erupted since ancient times.
화산은 아주 먼 옛날부터 폭발해 왔다.

예 05 The artist earned a lot of money from his works of art.
그 예술가는 예술 작품으로 많은 돈을 벌었다.

③ **유의해야 할 명사의 수**

> • family : 문맥에 따라 단/복수 취급이 동시에 가능하다.
> • the police : 복수 취급한다.
> • people : 복수 취급한다.
> • the 형용사 : 복수 취급한다.
> • 학문명은 ~(e)s로 끝나더라도 단수 취급한다.
> • 국가의 이름은 ~(e)s로 끝나더라도 단수 취급한다.

예 06 The police are searching the house for the culprit.
경찰은 범인을 찾으려고 그 집을 조사 중이다.

예 07 The United States provides opportunities to succeed.
미국은 성공할 수 있는 기회를 제공한다.

⑵ 다음 명사들은 단수와 복수(~s)의 의미가 다르다.

> ① arm (팔)　　　－ arms (무기)
> ② good (이익, 선) － goods (물건, 재화)
> ③ authority (권위) － authorities (당국)
> ④ custom (관습)　－ customs (세관, 관세)
> ⑤ mean (평균)　　－ means (수단, 방법)
> ⑥ saving (절약)　　－ savings (예금)

예 08 His bike is his only means of transport.
그의 자전거는 유일한 이동 수단이다.

예 09 He pumped all his savings into the business.
그는 그 사업에 저축해 둔 돈을 몽땅 쏟아 부었다.

⑶ 다음 표현들에는 항상 복수 명사를 쓴다.

> ① shake hands with : ~와 악수하다
> ② take turns (in) Ving : 교대로 ~하다
> ③ keep on good/bad/equal terms with ~ : ~와 좋은/나쁜 관계를 유지하다

예 10 He shook hands with each of the winners.
그는 승자들 각각과 악수를 했다.

(4) 수량형용사

구분	가산	불가산	둘 다
많은	• many • a number of	• much • an amount of • a great deal of	• a lot of • lots of • plenty of
적은	• a few • few	• a little • little	
기타	• both • a couple of • several • every • each		• some

① number vs. amount

- a number of (많은) + 복수명사 + 복수동사
- the number of (수) + 복수명사 + 단수동사
- an amount of (많은) + 불가산명사 + 단수동사
- the amount of (양) + 불가산명사 + 단수동사

예 11 A number of people have been employed.
많은 사람들이 고용되었다.

예 12 The number of cars in Seoul is on the rise.
서울의 자동차의 수는 증가하는 추세이다.

② few vs. little

a few + 복수명사	few + 복수명사
a little + 불가산명사	little + 불가산명사
약간 있는	거의 없는

예 13 A few survivors were pulled from the wreckage.
사고 잔해 속에서 몇 명의 생존자들이 끌려나왔다.

예 14 We had very little knowledge of the subject then.
우리는 당시에 그 문제에 관하여 지식이 거의 없었다.

③ each vs. every

- every (모든) + 가산단수명사 + 단수동사
- each (각각) + 가산단수명사 + 단수동사
- each of + 가산복수명사 + 단수동사

예 15 Every cloud has a silver lining.
아무리 안 좋은 상황도 지나가기 마련이다.

예 16 Each of the students is going to voice his own complaints.
각각의 학생들은 제각기 불만을 이야기할 것이다.

> **TIP**
>
> every가 '~마다'라는 뜻으로 쓰일 때에는 복수명사와 쓰일 수 있다.
>
> **예 17** The Olympic Games take place every four years.
>
> = The Olympic Games are held every fourth year.
> 올림픽은 4년마다 열린다.

⑸ 명사 관용표현

① of 추상명사 = 형용사

- of significance : 중요한
- of sense : 지각 있는
- of use : 유용한
- of value : 귀중한
- of importance : 중요한
- of ability : 유능한
- of no use : 쓸모없는
- of no value : 하찮은

예 18 Her advice was of no use to me.
그녀의 조언은 내게는 쓸모가 없었다.

② 전치사 추상명사 = 부사

- with ease : 쉽게
- by luck : 운 좋게
- by accident : 우연히
- in haste : 서둘러서
- on occasion : 가끔
- on purpose : 일부러

예 19 Success doesn't happen by accident.
성공은 우연히 일어나지 않는다.

2 관사

(1) 전치사 the 신체의 일부 (소유격 불가)

① 잡는 동사(catch, hold, pull, take, seize)는 전치사 by를 쓴다. → by the 신체
② 때리는 동사(touch, kiss, pat, hit, strike)는 전치사 on을 쓴다. → on the 신체
③ 바라보는 동사(look, stare)는 전치사 in을 쓴다. → in the 신체

예 20 He pulled me by my arm. (×)

→ He pulled me by the arm. (○)
그는 내 팔을 당겼다.

예 21 I patted her on the shoulder.
나는 그녀의 어깨를 두드렸다.

예 22 He looked me in the face.
그는 내 얼굴을 똑바로 쳐다보았다.

(2) the 형용사 = ~한 사람들/것들 (복수 취급)

① the rich : 부유한 사람들
② the blind : 시각 장애인들
③ the old(= the elderly) : 노인들
④ the injured(= the wounded) : 부상자들
⑤ the poor : 가난한 사람들
⑥ the deaf : 청각 장애인들
⑦ the homeless : 노숙자들
⑧ the talented(= the gifted) : 재능 있는 사람들

예 23 A policeman helped the blind man cross the street.
어떤 경찰관은 맹인이 길을 건너도록 도왔다.

예 24 Ambulances were used to move the wounded.
앰뷸런스는 부상자들을 이동시키는 데에 사용된다.

(3) '매우 (형용사)한 (명사)'를 표현하는 방법은 다음과 같다. a(n)의 어순에 유의한다.

① so 형용사 a 명사
② such a 형용사 명사

예 25 He was seen as so incorrupt an officer.
그는 매우 청렴한 경찰관이라고 간주되었다.

예 26 It's a sin to stay indoors on such a fine day.
이렇게 좋은 날에 실내에 있는 것은 죄이다.

12 CHAPTER 대명사

1 인칭대명사

- 인칭 대명사는 수와 격에 유의한다.
- 주어와 주격 보어 자리에는 주격, 목적어와 목적격 보어 자리에는 목적격, 명사 앞에는 소유격을 쓴다.
- 소유격은 뒤에 명사가 필요하지만, 소유대명사는 다른 명사와 쓰이지 못한다.

구분	인칭	주격	목적격	소유격	소유대명사	재귀대명사
단수	1인칭	I	me	my	mine	myself
	2인칭	you	you	your	yours	yourself
	3인칭	he	him	his	his	himself
	3인칭	she	her	her	hers	herself
	3인칭	it	it	its	(its)	itself
복수	1인칭	we	us	our	ours	ourselves
	2인칭	you	you	your	yours	yourselves
	3인칭	they	them	their	theirs	themselves

예 01 It's between you and me; I have liked Kate secretly!
이건 너와 나 사이의 비밀이야; 난 Jane를 몰래 좋아해왔어!

2 재귀대명사 (~self, ~selves : 스스로)

(1) **재귀용법** : 주어와 목적어가 같다면, 목적어 자리에 재귀대명사를 써야 한다.

(2) **강조용법** : 명사를 강조하고 싶을 때 재귀대명사를 쓸 수 있다. 이 경우 재귀대명사의 위치는 명사 바로 뒤, 또는 문장 끝이다.

예 02 He killed himself.
그는 자살했다.

예 03 I myself solved the problem.
= I solved the problem myself.
나는 그 문제를 풀었다.

3 지시대명사

① 단수대명사 : it, this, that, one
② 복수대명사 : they, these, those, ones

예 04 I want this.
나는 이것을 원한다.

예 05 I want this shirt.
나는 이 셔츠를 원한다.

예 06 Each of these was denounced as a terrorist action.
이들 각각은 테러 행위로 비난을 받았다.

예 07 Those who were caught were either fined or deported.
체포된 사람들은 벌금을 물거나 추방당했다.

4 부정대명사

one, another, others, the other, the others

(1) 신체부위(눈, 손, 발)가 언급되면서 둘 중 나머지 하나를 지칭할 때엔 the other을 쓴다.

(2) another(다른 하나)은 단독으로 쓰이거나, 단수명사와 함께 쓰인다.

(3) others(다른 것들)은 단독으로만 쓰일 수 있고, 명사와 쓰이지는 못한다. 다른 명사와 쓸 때는 'other + 복수명사'로 쓴다.

예 08 I got four letters. One is from my father, others are from friends, and the other is from my sister.
나는 편지 네 통을 받았다. 한 통은 아버지로부터, 다른 것들은 친구들로부터, 그리고 마지막 하나는 여동생으로부터 왔다.

예 09 I have three sons. One is a teacher and the others are students.
나는 세 아들이 있다. 한명은 선생님이고 나머지 둘은 학생이다.

예 10 He is keeping an eye on the door and the other of the man.
그는 한 쪽 눈으로는 문을, 다른 한 쪽 눈으로는 그 사람을 지켜보았다.

예 11 Some like to read newspapers and others don't.
어떤 사람들은 신문 읽는 것을 좋아하고, 다른 사람들은 그렇지 않다.

형용사

1 형용사와 부사

형용사와 부사를 결정하기 위해서는 해석을 통해 무엇을 꾸며주는지를 확인해야 한다.

(1) 명사를 수식하는 것은 형용사이다.

(2) 명사가 아닌 것을 수식하는 것은 부사이다. 형용사에 '~ly'를 붙이면 부사가 된다.

(3) 2형식 동사와 5형식 동사 이하의 보어 자리에는 부사가 아닌 형용사가 쓰인다.

> ① be, become, remain, 지각동사 + 형용사 주격 보어
> ② leave, keep, find, make, consider + 목적어 + 형용사 목적격 보어

(4) 준동사를 수식하는 것은 부사이다.

2 주의해야 할 형용사의 용법

(1) 형용사에 ~ly를 붙이면 부사가 되지만 명사에 ~ly를 붙이면 형용사가 된다.

> lovely (사랑스러운), friendly (우호적인), orderly (정돈된),
> lonely (외로운), costly (비싼), timely (시기적절한), lively (활기찬)

예 01 The company's decision looked timely.
그 회사의 결정은 시기적절하게 보였다.

예 02 I found the hotel staff very friendly and courteous.
나는 그 호텔의 직원들이 친절하고 정중하다고 생각했다.

예 03 He has been fighting a deadly disease for 3 years.
그는 3년 동안 치명적인 질병과 싸우고 있다.

TIP

deadly와 lonely는 형용사이다.

- dead(형용사, 죽은) + ~ly = deadly (형용사, 치명적인)
- lone (형용사, 혼자의) + ~ly = lonely (형용사, 외로운)

(2) 다음의 형용사 뒤에 명사가 쓰이면 안 된다.

> alive (살아있는), alike (비슷한), asleep (잠이 든), awake (깨어 있는),
> afraid (두려운), aware (알고 있는)

예 04 The film was so boring that I fell asleep.
영화가 너무 지루해서 나는 잠이 들 정도였다.

예 05 The twins looked alike.
그 쌍둥이는 닮아보였다.

= The twins looked like each other.
그 쌍둥이는 서로 닮았다.

(3) '숫자-단위'에서 단위는 항상 단수이다.

예 06 The 300-page report contained full coverage of the incident.
300페이지짜리 보고서는 이 사건의 전체적인 내용을 포함하고 있었다.

예 07 The tree is 12-foot tall.
그 나무는 높이가 12피트이다.

예 08 The 10-story building was designed by Louis in 1891.
그 10층짜리 건물은 1891년에 Louis에 의해 디자인되었다.

(4) 분수를 나타낼 때엔 분자(기수)-분모(서수) 나타낸다.

> ① 가운데의 '-'는 생략할 수 있다.
> ② 분자가 1인 경우 : 분자를 one 또는 a로 표현할 수 있다.
> ③ 분자가 2 이상인 경우 : 분모에도 '-(e)s'를 붙여야 한다. (quarter도 마찬가지)

예 09 A third of all cancer sufferers die of the disease.
모든 암 환자의 3분의 1은 이 질환으로 사망했다.

예 10 Four-fifths of the city was destroyed.
도시의 5분의 4는 파괴되었다.

(5) 난이형용사는 사람을 수식할 수 없다.

> easy (쉬운), difficult (어려운), hard (어려운), tough (어려운),
> possible (가능한), impossible (불가능한), convenient (편한), inconvenient (불편한)

예 11 I am easy to use smartphones. (×)

→ It is easy (for me) to use smartphones. (○)
스마트폰을 사용하는 것은 쉬운 일이다.

예 12 We found scientists impossible to deny the fact. (×)

→ We found it impossible (for scientists) to deny the fact. (○)
우리는 과학자들이 그 사실을 부인하는 것이 불가능하다고 생각했다.

3 구분해야 할 형용사

1	respectable respectful respective	존경할 만한 공손한 각각의	He is respectable teacher You should be respectful to your parents They went back to their respective hometown.
2	imaginable imaginary imaginative	상상할 수 있는 가상의, 허구의 상상력이 풍부한	I have tried every means imaginable. He wrote an imaginary tale. He is an imaginative writer.
3	economic economical	경제의 검소한	I am interested in economic policy. It is economical to buy large quantities.
4	healthful healthy	건강에 좋은 건강한, 건전한	The food is healthful diet. He is quite healthy.
5	historic historical	역사상으로 중요한 역사의	This is a historic building. I like reading historical novels.
6	industrial industrious	산업의 근면한, 부지런한	I visited an industrial exhibition. She proved to be industrious.
7	childlike childish	천진난만한, 순진한 유치한	I like him because of his childlike behavior. He is very childish sometimes.
8	considerable considerate	상당한 사려 깊은, 배려하는	It takes considerable money to buy it. It was considerate of him to say so.
9	successful successive	성공적인 연속적인, 계승하는	I am successful in passing the exam. There were successive disasters.
10	valueless invaluable	가치 없는 매우 귀중한	These are valueless books. This is an invaluable book.
11	memorable memorial	기억할 만한 기념의, 추도의	He delivered a memorable speech. We prepared a memorial service.
12	practicable practical	실행/이용 가능한 실용적인	The roads are practicable. We had a practical test.
13	classic classical	일류의, 표준적인 고전의, 고전적인	The painting is classic works. I am ignorant in classical music.
14	literal literary literate	문자상의 문학의 글을 읽을 줄 아는	Understand the literal meaning of the word. He won the literary prize. He has been literate since he was 3.
15	popular populous	인기 있는, 대중의 인구가 많은	He is a popular professor. Seoul is a populous city.
16	beneficial beneficent	이로운, 유익한 사비로운	This is beneficial to health. He has beneficent parents.
17	luxurious luxuriant	사치스러운 비옥한, 번성한	This is luxurious hotel. This crops are of luxuriant growth.
18	momentous momentary	중대한 순간적인	We made a momentous decision. A momentary impulse is dangerous thing.

부사

1 부사의 역할과 형태

- 부사는 동사, 형용사, 부사, 또는 문장 전체를 수식한다.
- 준동사(부정사, 동명사, 분사)를 수식하는 것은 부사이다.

예 01 He drives his car carefully. (동사 수식)
그는 차를 조심스럽게 운전한다.

예 02 This book is too difficult for me. (형용사 수식)
이 책은 나에게는 너무 어렵다.

예 03 I read his letter very carefully. (부사 수식)
나는 그의 편지를 신중하게 읽었다.

예 04 Fortunately, he came back safely. (문장 전체 수식)
다행히, 그는 안전하게 돌아왔다.

예 05 Copper is one of the most widely used metals in the world. (분사 수식)
구리는 세상에서 가장 널리 사용되는 금속 중 하나이다.

(1) 형용사 + ly

구분	형용사	부사
대부분의 형용사 : + ly	nice	nicely
-y로 끝나는 형용사 : y를 i로 고치고 + ly	easy	easily
-ue로 끝나는 형용사 : e를 삭제하고 + ly	true	truly
-le로 끝나는 형용사 : e를 삭제하고 + ly	simple, possible	simply, possibly
-ll로 끝나는 형용사 : + y	full, dull	fully, dully

(2) 장소

here, there, far, away, down, up, back, upstairs, home

예 06 Come here for a minute.
잠깐만 이리 와 보렴.

예 07 They were sent home.
그들은 집으로 보내졌다.

(3) 시간

> now, then, before, ago, already, just, later, still, soon, yet, late, early

예 08 His health is now quite restored.
그의 건강은 이제 꽤 회복되었다.

예 09 I wish I had known then what I know now.
지금 알고 있는 것을 그 때에도 알았더라면.

(4) 정도

> almost, very, much, quite, completely, enough

예 10 Lunch is almost ready.
점심 식사 준비가 거의 다 되었다.

예 11 I am not prepared enough for the test.
나는 시험 준비가 충분히 되지 않았다.

TIP

- enough는 형용사 또는 부사로 쓰인다.
- 형용사로 쓰여 명사를 수식할 때에는 전치/후치수식이 모두 가능하다.
- 부사로 쓰여 다른 형용사나 부사를 수식할 때에는 후치수식만 가능하다.

예 12 He doesn't have enough money to buy groceries.

= He doesn't have money enough to buy groceries.
그는 식료품을 사기에 충분한 돈을 가지고 있지 않았다.

예 13 You're old enough to take care of yourself.
너는 스스로 돌볼 수 있을 정도로 충분히 나이가 들었다.

(5) 빈도

> always, sometimes, usually, often, regularly, ever, never,
> once, frequently, hardly, scarcely, barely, rarely, seldom

예 14 I frequently have problems with my new laptop.
내 노트북은 고장이 자주 난다.

예 15 She has always wanted to buy a bike.
그녀는 언제나 바이크를 사길 원했다.

⑹ 부정

> not, never, hardly, scarcely, barely, rarely, seldom

예 16 I have never been so insulted in my life.
내 평생 그런 모욕은 당해 본 적이 없다.

예 17 It hardly rained at all last summer.
지난여름에는 비가 거의 안 왔다.

예 18 She was a severe woman who seldom smiled.
그녀는 거의 웃는 법이 없는 엄격한 여자였다.

TIP

부정부사의 특징은 다음과 같다.
① not 또는 never와 함께 쓰일 수 없다. (부정부사 중복 금지)
② 문두에 놓이면 주어-동사는 도치된다. (부정어 도치)

예 19 I can't hardly sleep. (×)

→ I can't sleep. / I can hardly sleep. (○)
나는 잠을 잘 수 없다.

예 20 Hardly he tells a lie. (×)

→ Hardly does he tell a lie. (○)
그는 거의 거짓말을 하지 않는다.

2 형부동형

형용사와 부사의 형태가 같은 경우도 있으니 주의한다.

1	hard	(형) 단단한, 어려운, 열심히 하는
		(부) 단단히, 열심히 (≠ hardly)
	hardly	(부) ~하지 않다
2	late	(형) 늦은
		(부) 늦게 (≠ lately)
	lately	(부) 최근에
3	fast	(형) 빠른
		(부) 빨리 (≠ fastly)
4	long	(형) 긴
		(부) 오랫동안 (≠ longly)
5	enough	(형) 충분한
		(부) 충분하게 (형/부 enough to V)

예 21 She worked hard so that everything would be ready in time.
그녀는 모든 것이 시간 내에 준비될 수 있도록 열심히 일을 했다.

예 22 The teacher rebuked him because he came late.
그가 늦게 와서 선생님이 그를 꾸짖었다.

예 23 Scientists have long believed that dinosaurs were reptiles.
과학자들은 오랫동안 공룡이 파충류였다고 믿어왔다.

예 24 He has enough money to buy the car.

= He has money enough to buy the car.

= He is rich enough to buy the car.
그는 차를 살 수 있을 정도로 충분히 부유하다.

3 강조부사

원급을 강조하는 부사와 비교급을 강조하는 부사를 구분해야 한다.

① <u>very / too / so</u> + 형용사와 부사의 원급
② <u>much / even / still / far / a lot</u> + 형용사와 부사의 비교급

예 25 He is a very fortunate man.
그는 매우 운이 좋은 사람이다.

예 26 Korean History is far more difficult than English to me.
나에게 한국사는 영어보다 훨씬 어렵다.

전치사

1 전치사의 특징

전치사는 명사 또는 동명사를 목적어로 취하여 다음과 같은 역할을 수행한다.

(1) 뒤에서 명사를 수식한다.

예 01 Look at the broken leg of the dog.
강아지의 부러진 다리를 보아라.

(2) 문장에 명사를 덧붙여 문장의 의미를 확장시킨다.

예 02 The baby is sleeping on the sofa.
아기가 소파위에서 잠을 자고 있다.

(3) 동사와 엮어 쓰인다.

예 03 We provided them with sufficient information.
우리는 그들에게 충분한 정보를 제공했다.

(4) 숙어를 만든다.

예 04 We should have asked for some help earlier.
우리는 미리 도움을 요청했어야 했는데...

2 동사와 함께 쓰이는 특정 전치사

(1) 공급 동사

① provide A with B : A에게 B를 공급하다
② supply A with B : A에게 B를 공급하다
③ furnish A with B : A에게 B를 공급하다
④ present A with B : A에게 B를 선사하다
⑤ equip A with B : A에게 B를 공급하다
⑥ fill A with B : A를 B로 채우다

예 05 Sheep provide people with thick fur.

= Sheep provide thick fur for people.
양은 사람에게 두꺼운 털을 제공한다.

(2) 알림 동사

1	inform	+ 사람	of 명사 that S + V	(사람)에게 ~을 알리다
2	remind	+ 사람	of 명사 that S + V	(사람)에게 ~을 상기시키다
3	convince	+ 사람	of 명사 that S + V	(사람)에게 ~를 설득시키다
4	assure	+ 사람	of 명사 that S + V	

예 06 Doctors should inform patients of truth.
의사는 환자에게 진실을 알려야 한다.

예 07 I am pleased to inform you that the book you ordered has arrived.
당신이 주문한 책이 도착했음을 알리게 되어 기쁩니다.

(3) 제거/박탈 동사

① rob A of B : A에게서 B를 빼앗다(→ 사람 be robbed of 사물)
② deprive A of B : A에게서 B를 빼앗다
③ rid A of B : A에게서 B를 빼앗다
④ steal A from B : B에게서 A를 훔치다(→ 사물 be stolen from 사람)

예 08 He robbed me of money.

= He stole money from me.
그는 나에게서 돈을 빼앗았다.

(4) 칭찬/비난 동사

① thank A for B : B에 대해 A에게 고마워하다
② praise A for B : B에 대해 A를 칭찬하다
③ blame A for B : B에 대해 A를 나무라다(→ be blamed for)
④ criticize A for B : B에 대해 A를 비난하다
⑤ punish A for B : B에 대해 A를 벌하다(→ be punished for)
⑥ indict A for B : A를 B로 기소하다
⑦ sentence A to B for C : A에게 C에 대해 B를 선고하다
⑧ charge A with B : B에 대해 A를 고발/비난하다(→ be charged with)
⑨ accuse A of B : B에 대해 A를 고발하다(→ be accused of)
⑩ convict A of B : A에게 B에 대해 유죄를 선고하다

예 09 The court sentenced them to death for murder.

= They was sentenced to death for murder.
그들은 살인으로 사형 선고를 받았다.

(5) 막다 동사

① stop, keep, prevent A from Ving : A가 V하는 것을 막다
② forbid A to V : A가 V하는 것을 막다
③ refrain(= abstain) from N / Ving : ~를 삼가다, 자제하다

예 10 The extreme cold prevented us from going up the mountain.
날씨가 너무 추워서 산에 올라가지 못했다.

(6) 걱정 동사

① be anxious / concerned / worried about : ~에 대해 걱정/우려하다
② be concerned with : ~와 관련/관심이 있다

예 11 We should be concerned about the quality of life we live.
우리는 우리의 삶의 질에 대해 걱정해야 한다.

(7) 구별 동사

tell / know / distinguish / separate A from B : A와 B를 구별하다

예 12 We need to distinguish the right from the wrong.
우리는 옳은 것과 그른 것을 구별할 필요가 있다. :

(8) 전환 동사

① change A into B : A에서 B로 바꾸다/변화시키다
② turn A into B : A에서 B로 바꾸다/변화시키다
③ transform A into B : A에서 B로 바꾸다/변화시키다
④ convert A into B : A에서 B로 변형시키다
⑤ develop A into B : A에서 B로 성장/발달시키다
⑥ translate A into B : A에서 B로 번역/통역하다

예 13 Technology can turn what they imagined into reality.
기술은 그들이 상상한 것은 현실로 바꿀 수 있다.

3 기타 전치사 표현

- according to : ~에 따라
- aside(= apart) from : ~이외에
- at the cost(= expense, price) of : ~를 희생하여
- at the rate(= speed) of : ~의 속도로
- by means of : ~를 통하여
- in contrast to(= with) : ~와 대조적으로
- for the sake of : ~를 위해
- in accordance with : ~와 일치하게, ~에 따라
- in addition to : ~외에도(= besides)
- in response to : ~에 응답/대답/대응하여
- on(= in) behalf of : ~를 대신하여
- in favor of : ~에게 찬성하여, 유리하게
- in search(= pursuit) of : ~를 찾아서
- in terms of : ~의 관점에서, 측면에서
- instead of : ~ 대신에
- in spite of : ~에도 불구하고(= despite)
- as to : ~에 관하여(= as regards = in/with regard to = in/with respect to)
- regardless of : ~에 상관없이(= irrespective of = without regard to)

예 14 You have to face reality instead of avoiding it.
현실을 피하는 대신에 맞서야 한다.

예 15 Picture books are kind of obsolete in terms of educational value.
그림책은 교육적 가치의 측면에서 약간 구식이다.

예 16 The judge ruled in favor of the plaintiff.
재판장은 원고에게 승소판결을 내렸다.

예 17 He was driving fast without regard to speed limits.
그는 제한 속도에 상관없이 빠르게 운전을 하고 있었다.

16 CHAPTER 접속사

(1) 등위접속사 and, or, but은 병치에 유의한다.

예 01 They learned better in a quiet, calm, and orderly atmosphere.
그들은 조용하고, 차분하고, 정돈된 상황에서 더 잘 배운다.

예 02 I am used to playing the piano and singing a song.
나는 피아노 치고 노래 부르는 것에 익숙하다.

예 03 Trade started from person to person, but grew to involve different towns and lands.
무역은 개인 대 개인으로 시작했지만, 성장하여 다른 동네와 나라까지 포함하게 되었다.

예 04 They show the world a mask but take care to conceal their real selves.
그들은 세상에 가면을 보여주지만, 진짜 자아를 숨기기 위해 조심한다.

예 05 Nothing can be loved or hated unless first known.
먼저 알려지지 않는다면 어떤 것도 사랑이나 증오를 받을 수 없다.

예 06 He is likely to feel timid and insecure.
그는 소심해지고 불안하게 느낄 가능성이 높다.

예 07 Psychologists asked college student to stand at the base of a hill while carrying a heavy backpack and (to) estimate the steepness of the hill.
심리학자들은 대학생들이 가방을 메고 언덕 아래에 서 있다가 언덕의 가파르기를 측정해 볼 것을 요구했다.

(2) 종속접속사는 전치사와의 구분에 유의한다.

전치사	구분	접속사
despite, in spite of (despite of 불가)	~에도 불구하고	though, although, even though, even if
because of, due to, owing to, thanks to, on account of	~때문에	because, since, as
for, during	~동안	while
in case of, in the event of	~인 경우(에 대비하여)	in case (that), in the event (that)

예 08 Despite the recession, demand is growing.
불경기에도 불구하고, 수요는 증가하고 있다.

예 09 Although the world is full of sufferings, we have always overcome them.
세상은 고난으로 가득하지만, 우리는 언제나 그것들을 극복해 왔다.

⑶ 상관 접속사의 ① 뜻과 짝, ② 병치, 그리고 ③ 수일치에 유의한다.

짝	해석	수일치
both A and B	A와 B 둘 다	복수 취급
either A or B	A와 B 중 아무거나 하나	동사는 B에 일치
neither A nor B	A도 아니고 B도 아닌	동사는 B에 일치
not A but B	A가 아니라 B	동사는 B에 일치
not only A but also B	A뿐만 아니라 B도	동사는 B에 일치
A as well as B	B뿐만 아니라 A도	동사는 A에 일치
A rather than B	B라기보다는 A	동사는 A에 일치

예 10 The course consists of not only reading but writing.
그 수업은 읽기뿐만 아니라 쓰기로도 구성되어 있다.

예 11 Jane rather than your friends is responsible for the accidents.
네 친구들이라기보다는 Jane이 이번 사고에 책임이 있다.

특수구문

(1) 다음의 명사 덩어리들은 수일치에 유의한다.

> ① 불가산명사는 단수 취급한다.
> ② the police, people, those who ~, the + 형용사는 복수 취급한다.
> ③ [부분 of 명사]가 주어인 경우 동사의 수는 of 뒤의 명사가 결정한다.
>   → 부분 표현: most, some, all, 분수, %, the rest, the majority
> ④ [one of 복수명사] + 단수동사 : ~ 중 하나
> ⑤ [many a 단수명사] + 단수동사 : 많은 ~
> ⑥ [a number of 복수명사] + 복수동사 : 많은 ~
> ⑦ [the number of 복수명사] + 단수동사 : ~의 수
> ⑧ [an amount of 불가산명사] + 단수동사 : 많은 ~
> ⑨ [every 단수명사] + 단수동사 : 모든 ~
> ⑩ [each 단수명사] + 단수동사 = [each of 복수명사] + 단수동사 : 각각의 ~
> ⑪ [both A and B] + 복수동사 : A와 B 둘 다
> ⑫ [either A or B] + 동사는 B에 일치 : A와 B 둘 중 하나
> ⑬ [neither A nor B] + 동사는 B에 일치 : A와 B 둘 다 ~아니다
> ⑭ [not A but B] + 동사는 B에 일치 : A가 아니라 B
> ⑮ [not only A but also B] + 동사는 B에 일치 : A뿐만 아니라 B도
> ⑯ [A as well as B] + 동사는 A에 일치 : B뿐만 아니라 A도
> ⑰ [A rather than B] + 동사는 A에 일치 : B라기보다는 A
> ⑱ there, here이 주어 자리에 쓰인 문장의 동사는 동사 이하의 명사에 수를 일치시킨다.
> ⑲ 부정사나 동명사는 단수 취급한다.

예 01 Some of the parking lots are under construction.
주차장의 일부가 공사 중이다.

예 02 There are a lot of natural resources on earth.
지구에는 많은 천연자원들이 있다.

⑵ 비교구문은 구문상의 오류와 비교대상의 일치를 확인한다.

> ① 원급 비교 : as 원급 as (~만큼 ~한)
> ② 차등 비교 : 비교급 than (~보다 더 ~한)
> ③ 기타 비교 표현들 : be similar to (~와 유사한)
>   be different from (~와 다른)
>   be superior to (~보다 나은)
>   be inferior to (~보다 열등한)

예 03 She is as smart as her sister.
그녀는 여동생만큼 똑똑하다.

예 04 I cannot walk as(= so) quickly as you can.
나는 너만큼 빠르게 걸을 수 없다.

예 05 Your camera is as expensive as me. (×)

→ Your camera is as expensive as mine. (○)
네 카메라는 내 것만큼 비싸다.

예 06 Insurance rates for women are lower than men. (×)

→ Insurance rates for women are lower than that for men. (×)

→ Insurance rates for women are lower than these for men. (×)

→ Insurance rates for women are lower than those for men. (○)
여성들의 보험료는 남성들의 보험료보다 낮다.

(3) 주어가 아닌 부정어가 문두에 놓이는 경우, 문장의 동사는 be/조/do 형태로 주어 앞으로 도치된다.

> • no, not, never, neither, nor
> • hardly, scarcely, rarely, barely, seldom
> • little
> • only

예 07 I have never seen such a good player.

→ Never have I seen such a good player.
나는 그렇게 좋은 선수를 본 적이 없다.

예 08 She had hardly left home when it began to rain.

→ Hardly had she left home when it began to rain.
그녀가 집을 나서자마자 비가 오기 시작했다.

예 09 The concert ticket is no longer valid.

→ No longer is the ticket valid.
그 티켓은 더 이상 유효하지 않다.

예 10 He behaves well only when you are present.

→ Only when you are present does he behave well.
네가 있을 때에만 그가 착하게 군다.

예 11 You should leave here under no circumstances.

→ Under no circumstances should you leave here.
어떤 경우에도 너는 여기를 떠날 수 없다.

⑷ 장소 전치사가 문두에 놓이는 경우, 문장의 동사는 주어 앞으로 도치된다.

예 12 The tree in fruit stands in the forests.

→ In the forests stands the tree in fruit.
열매를 맺은 나무가 숲 속에 서있다.

예 13 Your socks are in the box.

→ In the box are your socks.
네 양말이 상자 속에 있다.

⑸ 형용사 또는 분사가 명사 없이 단독으로 문두에 놓이는 경우, 문장의 동사는 주어 앞으로 도치된다.

예 14 The men who love their lives are happy.

→ Happy are the men who love their lives.
자기의 인생을 사랑하는 사람은 행복하다.

EXERCISE

다음 문장의 옳고 그름을 판단하고, 틀린 부분을 옳게 고치시오. (01~37)

01 Parents are usually concerned with their children's future.

02 The hotel offers cleanly and spacious rooms.

03 We need to do the dishes and taking out the trash.

04 I encouraged them to review the chapter thoroughly and memorize things what they needed.

05 He was promoted to captain, because of he worked hardly.

06 He used grass as a blanket while times of war.

07 I love her although all the mistakes she made.

08 I can't agree to you despite of the cause of world peace.

09 Not he but his parents likes reading.

10 He as well as his co-workers like their boss.

11 Both Jane and Jack needs to confirm how many chairs we'll need.

ANSWER

01 **정답** ○
해설 be concerned with : ~에 관심/관련이 있다
해석 부모들은 보통 자녀들의 미래에 관심이 있다.

02 **정답** cleanly → clean
해설 형용사 spacious와 병치되기 위해서는 형용사가 필요하다.
해석 그 호텔은 깨끗하고 넓은 방을 제공한다.

03 **정답** taking → (to) take
해설 to do와 병치되는 것은 동사원형 또는 부정사가 적절하다.
해석 우리는 설거지하고 쓰레기를 내다 버려야 한다.

04 **정답** things 삭제
해설 what은 선행사를 취할 수 없다.
해석 나는 그들이 챕터를 철저히 복습하고 필요한 것을 암기하도록 격려했다.

05 **정답** because of → because
해설 he worked hardly는 문장이므로 전치사인 because of는 적절하지 않다.
해석 그는 열심히 일했기 때문에 대위로 승진했다.

06 **정답** while → during
해설 times of war는 명사구이므로 접속사 while은 적절하지 않다.
해석 그는 전쟁 시절 잔디를 담요로 사용했다.

07 **정답** although → despite
해설 all the mistakes she made는 명사절이므로 접속사 although는 적절하지 않다.
해석 나는 그녀가 저지른 모든 실수에도 불구하고 그녀를 사랑한다.

08 **정답** to you despite of → with you despite
해설 •[사람]에게 동의한다'는 agree with로 표현한다.
•전치사 despite는 of와 함께 쓰일 수 없다.
해석 나는 세계 평화라는 이유에도 불구하고 너와 동의할 수 없다.

09 **정답** likes → like
해설 주어는 his parents이므로 복수동사가 필요하다.
해석 그가 아니라 그의 부모가 독서를 좋아한다.

10 **정답** like → likes
해설 주어는 He이므로 단수동사가 필요하다.
해석 그와 그의 동료들 모두 그들의 상사를 좋아한다.

11 **정답** needs → need
해설 Both Jane and Jack은 복수주어이므로 복수동사가 필요하다.
해석 Jane과 Jack 둘 다 우리가 얼마나 많은 의자가 필요한지 확인해야 한다.

12 They criticized him with lying in his testimony.

13 Many employers receive the large number of resumes in response about job advertisements.

14 Although he doesn't like Korean history, he enjoys English and criminal law.

15 The thief entered into her room slow and silent.

16 You must observe the laws enacted by legislators or punished for violating them.

17 Founded by his grandfather and employing more than a hundred workers, the company has established supremacy over its rivals.

18 Almost all the books written by the philosopher in my college years was impressing and still sell well.

19 Some of the tape was deleted.

20 Most of the apples are rotten.

21 All of the water has to be recycled.

ANSWER

12 **[정답]** with → for
[해설] criticize A for B : A를 B로 비난하다
[해석] 그들은 그가 증언에서 거짓말을 했다고 비난했다.

13 **[정답]** the large number → a large number, about → to
[해설] • a number of (많은) vs. the number of (~의 수)
  • in response to : ~에 대한 반응/대응/대답으로
[해석] 많은 고용주들이 구인 광고에 대한 반응으로 많은 이력서를 받는다.

14 **[정답]** ○
[해설] 접속사 although가 적절하게 쓰였다.
[해석] 그는 한국 역사를 좋아하지 않지만 영어와 형법을 즐긴다.

15 **[정답]** into 삭제, slow and silent → slowly and silently
[해설] • enter (들어가다) vs. enter into (시작하다)
  • 동사 entered를 수식하는 것은 부사여야 한다.
[해석] 그 도둑은 천천히 그리고 조용히 그녀의 방에 들어갔다.

16 **[정답]** punished → be punished
[해설] 조동사인 must에 observe와 punish가 or로 병치되어 이어진다. 타동사 punish의 목적
어가 없으므로 수동형인 be punished로 수정해야 한다.
[해식] 너는 입법자들이 제정한 법을 준수해야 하며, 그렇지 않으면 처벌받아야 한다.

17 **[정답]** ○
[해설] Found ~ workers는 분사구문이고, Founded와 employing이 and로 병치되어 있다.
[해석] 그의 할아버지에 의해 설립되었고 백 명 이상의 직원을 고용하고 있는 그 회사는 경쟁자들
보다 우위를 점했다.

18 **[정답]** was → were
[해설] 주어인 books는 복수이므로 동사도 복수로 수일치한다.
[해석] 내 대학 시절 그 철학자에 의해 쓰여진 거의 모든 책들은 인상적이었고 아직도 잘 팔린다.

19 **[정답]** ○
[해설] '부분(some) of 명사'가 주어인 경우 뒤에 있는 명사가 동사의 수를 결정한다.
[해석] 일부 테이프가 삭제되었다.

20 **[정답]** ○
[해설] '부분(most) of 명사'가 주어인 경우 뒤에 있는 명사가 동사의 수를 결정한다.
[해석] 대부분의 사과가 썩었다.

21 **[정답]** ○
[해설] '부분(all) of 명사'가 주어인 경우 뒤에 있는 명사가 동사의 수를 결정한다.
[해석] 모든 물은 재활용되어야 한다.

22 One of the students helping the poor suddenly feel dizzy.

23 He as well as you are supposed to give a speech tonight.

24 Not only the students but the teacher likes to study English.

25 Your son is as tall as me.

26 Your ideas are more brilliant than he.

27 The weather of Seoul is less volatile than London.

28 You are more superior to me in many ways.

29 Never has she seen so a tall tree.

30 Little did I think that you would not pass the exam.

31 I didn't know the fact until you told me.
It was not until you told me that I knew the fact.
Not until you told me did I know the fact.

32 Hardly has he started to study before he fell asleep.

ANSWER

22 **정답** feel → feels
해설 One of the 복수명사 + 단수동사
해석 가난한 사람들을 돕는 학생들 중 한 명이 갑자기 어지러움을 느꼈다.

23 **정답** are → is
해설 A as well as B가 주어인 경우 동사는 A에 일치시킨다.
해석 그와 너 둘 다 오늘 밤 연설을 해야 한다.

24 **정답** ○
해설 not only A but also B가 주어인 경우 동사는 B에 일치시킨다.
해석 학생들뿐 아니라 선생님도 영어 공부를 좋아한다.

25 **정답** me → I
해설 주어와 비교하는 대상은 주격으로 표현한다.
해석 네 아들은 나만큼 키가 크다.

26 **정답** he → his
해설 비교하는 대상이 너의 생각이므로 소유대명사가 필요하다.
해석 너의 생각은 그의 것보다 더 훌륭하다.

27 **정답** London → that of London
해설 비교대상이 the weather of Seoul이므로 London이 아니라 London의 날씨와 비교되어야
한다.
해석 서울의 날씨는 런던의 그것보다 덜 변덕스럽다.

28 **정답** more superior → superior
해설 superior은 비교급으로 쓰지 못하는 형용사이다.
해석 너는 여러 면에서 나보다 우월하다.

29 **정답** so → such
해설 so 형 a 명 = such a 형 명
해석 그녀는 그렇게 큰 나무를 본 적이 없다.

30 **정답** ○
해설 Little은 부정어이므로 이하에 도치구문이 필요하다.
해석 네가 시험에 떨어질 거라고는 전혀 생각하지 못했다.

31 **정답** ○
해설 not A until B : B하고 나서야 A했다
해석 나는 네가 말해주고 나서야 그 사실을 알았다.

32 **정답** has → had
해설 A하자마자 B했다(주어 had hardly/scarcely p.p ~, when/before 주어 과거동사)
구문에서 부정어인 Hardly가 문두에 놓이면서 뒤에는 도치구문이 놓여야 한다. 이때 주어
앞으로 도치되는 동사는 has가 아니라 had이다.
해석 그가 공부를 시작하자마자 잠에 들었다.

33 Only when you are present does she behave well.

34 Happy is those who love their lives.

35 On the desks are many a book.

36 There is a lot of people on the street. We provide food for the hungry.

ANSWER

33 **정답** ○
해설 부정어구인 Only ~ present가 문두에 놓였으므로 이하에 도치구문이 놓여야 한다.
해석 네가 있을 때만 그녀는 착하게 행동한다.

34 **정답** is → are
해설 주어는 those who ~로 복수이므로 동사 역시 복수로 수일치한다.
해석 자신의 삶을 사랑하는 사람들이 행복하다.

35 **정답** are → is
해설 주어는 many a book이므로 동사 역시 단수로 수일치한다.
해석 많은 책들이 책상 위에 있다.

36 **정답** is → are
해설 주어는 people이므로 동사 역시 복수로 수일치시킨다.
해석 거리에는 많은 사람들이 있다. 우리는 배고픈 사람들에게 음식을 제공한다.

MEMO

김태은

주요 약력

현) 박문각 공무원 영어 온라인, 오프라인 교수
전) 에듀윌 공무원 학원
　　아모르이그잼 공무원 학원
　　황남기 스파르타 학원
　　지텔프 코리아

주요 저서

박문각 공무원 김태은 영어 마지막 기본 영문법
박문각 공무원 김태은 영어 마지막 기본 영어구문

김태은 영어
마지막 기본 영문법

초판 인쇄 | 2025. 9. 15.　**초판 발행** | 2025. 9. 19.　**편저** | 김태은

발행인 | 박 용　**발행처** | (주)박문각출판　**등록** | 2015년 4월 29일 제2019-000137호

주소 | 06654 서울시 서초구 효령로 283 서경 B/D 4층　**팩스** | (02)584-2927

전화 | 교재 문의 (02)6466-7202

저자와의
협의하에
인지생략

이 책의 무단 전재 또는 복제 행위를 금합니다.

정가 20,000원
ISBN 979-11-7519-112-9